Sur l'auteur

Richard Wagamese (1955-2017) est l'un des principaux écrivains indigènes canadiens. Appartenant à la nation des Ojibwés, originaires du nord-ouest de l'Ontario, il est devenu en 1991 le premier lauréat amérindien d'un prix de journalisme national et a été régulièrement récompensé pour ses travaux journalistiques et littéraires. Après *Les étoiles s'éteignent à l'aube*, *Jeu blanc* (paru au Canada en 2012), fortement inspiré de sa propre histoire, est son deuxième roman traduit en français.

Du même auteur
aux Éditions 10/18

LES ÉTOILES S'ÉTEIGNENT À L'AUBE, n° 5273
JEU BLANC, n° 5400

RICHARD WAGAMESE

JEU BLANC

Traduit de l'anglais
par Christine Raguet

10/18

ÉDITIONS ZOE

Les Éditions Zoé remercient une fondation privée genevoise
et le Centre national du livre pour leur soutien
à la collection Écrits d'Ailleurs.

Avec le soutien du

CNL
Centre national du livre

La traductrice remercie Jean-Sylvain, Julie, Moya, Nicole
et Axel dont la connaissance pratique du hockey au Canada
lui a été précieuse.

Les Éditions Zoé bénéficient du soutien de la République
et Canton de Genève, et de l'Office féderal de la culture.

Titre original : *Indian Horse*

Publié en accord avec l'Agence littéraire Astier-Pécher
ISBN 978-2-264-07290-0
Dépôt légal : janvier 2019

À ma femme, Debra Powell, qui m'a permis de jouir de sa lumière et de devenir meilleur

J'entre dans la paix des créatures sauvages
qui n'imposent pas à leurs vies l'anticipation
du malheur. J'entre dans la présence de l'eau calme.
Et je sens au-dessus de moi les astres aveugles au jour
attendant d'émettre leur lumière. Un moment
je m'abandonne à la grâce du monde, et je suis libre.

Wendell Berry, « La paix des créatures sauvages »

1

Je m'appelle Saul Indian Horse. Je suis le fils de Mary Mandamin et de John Indian Horse. Mon grand-père s'appelait Solomon et mon prénom est le diminutif du sien. Ma famille est issue du Clan des Poissons des Ojibwés du Nord, les *Anishinabés*, c'est ainsi que nous nous désignons. Nous avons élu domicile sur les territoires bordant la rivière Winnipeg, là où elle s'élargit avant d'entrer dans le Manitoba et après avoir quitté le lac des Bois et les crêtes accidentées du nord de l'Ontario. On dit que nos pommettes ont été taillées dans ces chaînes granitiques qui s'élèvent au-dessus de notre patrie. On dit que le brun profond de nos yeux a suinté de la terre féconde autour des lacs et des marécages. Les Anciens disent que nos longs cheveux raides viennent des herbes ondulantes qui tapissent les rives des baies. Nos pieds et nos mains sont larges, plats et forts comme les pattes d'un ours. Nos ancêtres ont appris à se déplacer sans peine à travers les territoires que le *Zhauna-gush*, l'homme blanc, a plus tard redoutés, sollicitant notre aide pour les parcourir. Notre parole s'écoule et se déverse comme les rivières qui nous servent de routes. Nos légendes rapportent comment nous avons émergé des entrailles de notre Mère Terre – Aki est le nom que nous lui attribuons. Nous avons surgi, sans imperfections, les battements du cœur d'Aki dans nos oreilles, prêts à devenir ses gardiens et ses protecteurs. Quand je suis né, notre peuple parlait encore ainsi. Nous étions encore sous l'influence de nos légendes derrière nous. C'est une frontière que ma génération a franchie et nous languissons d'un retour qui n'a jamais pu se produire.

Ces gens, ici, veulent que je raconte mon histoire. Ils disent que je ne peux comprendre où je vais si je ne comprends pas où j'étais avant. D'après eux, les réponses sont en moi. En racontant nos histoires, nous, buveurs invétérés de mon espèce, nous pouvons nous libérer de la bouteille et de la vie qui nous a menés là. J'en ai rien à foutre de tout ça. Mais si ça veut dire sortir d'ici plus vite, alors je vais la raconter, mon histoire.

Ce sont des travailleurs sociaux de l'hôpital qui m'ont envoyé ici. Au Centre New Dawn, la « Nouvelle Aube ». Ils appellent ça un établissement de soins. Ici, les thérapeutes disent que le Créateur et les Grands-mères et les Grands-pères veulent que je vive. Ils disent plein de choses. En fait, ils parlent tout le temps et ils espèrent qu'on va faire pareil. Ils sont assis là, les yeux brillants, humides et pleins d'espoir, et pensent qu'on ne les voit pas attendre. Même quand j'ai les yeux rivés sur mes chaussures, je les sens. Ils appellent ça le partage. C'est l'un de nos anciens principes tribaux, à nous les Ojibwés, à ce qu'ils prétendent. Faire battre ensemble beaucoup de cœurs nous rend plus forts. C'est pour cela qu'ils nous installent dans le cercle de partage.

On est au moins trente à séjourner ici. Depuis les grands adolescents jusqu'à quelques hommes dans la trentaine, comme moi, et une femme qui est si vieille qu'elle n'arrive plus vraiment à parler. Toute la journée on est assis en cercle. J'en ai marre de parler. Ça me fatigue. Ça me donne envie de boire. Mais je le supporte et quand mon thérapeute, Moses, me fait entrer dans son bureau pour un tête-à-tête, ça aussi, je le supporte. Ça fait un mois que je suis ici, après six semaines à l'hôpital, et c'est ma plus longue période sans alcool depuis des années, alors je présume que ça sert à quelque chose. Mon corps se sent plus fort. Ma tête est claire. Je mange de bon cœur. Mais, maintenant, ils disent qu'on est arrivés au moment le plus dur du travail : « Si nous voulons vivre en paix avec nous-mêmes, nous devons raconter nos histoires. »

La mienne, je ne peux pas la raconter dans un cercle. Je le sais. Il y a trop à trier et à passer au crible. Et les quelques fois où j'ai essayé de parler, j'ai remarqué que les jeunes ne tenaient pas en place sur leurs sièges. Peut-être qu'ils ne me croient pas ou qu'il y a quelque chose qui les emmerde dans ce que je dis. En tout cas, je ne peux pas parler là, comme ça. Alors Moses m'a autorisé à écrire les choses. C'est ce que je vais faire. Après, je reprendrai le cours de ma vie. Quelque part.

Notre peuple a des rites et des cérémonies qui ont pour but de nous apporter le don de vision. Je n'ai jamais participé à aucun d'eux, mais j'ai vu des choses. Je me suis senti emporté et je me suis senti sortir de ce monde physique pour rejoindre un lieu où le temps et l'espace ont un rythme différent. Je suis toujours resté à l'intérieur des limites de ce monde, pourtant j'avais les yeux de quelqu'un qui est né dans un autre univers. Nos hommes-médecines m'appelleraient devin. Mais j'étais sous l'emprise d'un pouvoir que je n'ai jamais compris. Il m'a quitté voilà des années et la perte de ce don a été mon plus grand chagrin. Parfois, j'ai l'impression que ma vie entière n'a été qu'une longue quête pour tenter de le retrouver.

2

Je n'étais pas là le jour où le premier cheval indien est arrivé jusqu'à notre peuple, mais j'ai entendu cette histoire tant de fois quand j'étais enfant qu'elle est devenue réelle pour moi.

Les Ojibwés n'étaient pas un peuple du cheval. Notre pays existait à l'état sauvage : lacs, rivières, tourbières et marécages entourés de citadelles de forêt, de pierre et du tissage labyrinthique de la nature. Nul besoin de cartes pour le comprendre. Nous étions le peuple des *manitous*. Les êtres qui partageaient notre temps et notre espace étaient le lynx, le loup, le glouton, l'ours, la grue, l'aigle, l'esturgeon, le chevreuil et l'orignal. Le cheval était un chien-esprit fait pour courir dans des espaces dégagés. Il n'y avait pas de mot pour le désigner dans notre ancienne langue jusqu'à ce que mon arrière-grand-père en rapporte un du Manitoba.

Quand le soleil était chaud et que le chant du vent s'entendait dans le bruissement des arbres, notre peuple disait que les *Maymaygwayseeuk*, les esprits des eaux, étaient sortis danser. C'était une journée comme ça. Étincelante. Les yeux des esprits se reflétant dans l'eau.

Un jour de la fin de l'hiver, mon arrière-grand-père s'en était allé dans la morsure du vent du nord, en direction de l'ouest, vers le pays de nos cousins, les Ojibwés des plaines. Il s'appelait *Shabogeesick*. Ciel oblique. Il était chaman et trappeur, et parce qu'il passait beaucoup de temps dans la nature, elle lui révélait des choses, elle lui parlait des mystères et des enseignements. Les gens disaient qu'il avait le pouvoir télépathique, ce don exceptionnel que possédaient nos premiers maîtres. C'était une puissante médecine permettant de partager des enseignements vitaux entre peuples séparés par des distances colossales. Shabogeesick fut l'un des derniers à revendiquer l'énergie de sa science, avant que l'histoire ne la piétine. Un jour, la nature l'avait appelé et il s'était éloigné sans souffler mot à qui que ce soit. Personne ne s'inquiéta. C'était une chose qu'il faisait tout le temps.

Mais par cet après-midi de la fin du printemps, lorsque, revenant de l'est, il sortit du bois, il tirait, au bout d'un licol en corde, un étrange animal noir. Notre peuple n'avait jamais vu une telle créature et les gens avaient peur. C'était un animal gigantesque. Aussi gros qu'un orignal, mais sans le panache, et le son de ses sabots sur le sol rappelait le roulement du tambour – tel un grand vent qui s'engouffre dans la crevasse d'un rocher. Les gens reculèrent en le voyant.

« Quelle espèce d'être est-ce donc ? demandèrent-ils. Est-ce qu'on le mange ?

— Comment se fait-il qu'il marche aux côtés d'un homme ? Est-ce un chien ? Est-ce un grand-père égaré ? »

Le peuple se posait de nombreuses questions. Personne ne voulait approcher l'animal, et quand il inclina la tête pour commencer à brouter l'herbe, ils en eurent le souffle coupé.

« On dirait un chevreuil.

— Est-il aussi doux qu'un *Waywashkeezhee* ?

— On l'appelle cheval, leur dit Shabogeesick. Dans le pays de nos cousins on l'utilise pour voyager sur de longues distances, pour porter des charges trop lourdes pour les hommes, pour prévenir de la présence des Zhaunagush avant qu'on puisse les voir. »

« Cheval », dirent-ils tous à l'unisson. Le grand animal releva la tête et hennit, ce qui les effraya.

« Se moque-t-il de nous ? demandèrent-ils.

— Il se présente, dit Shabogeesick. Il vient apporter d'importants enseignements. »

Il était revenu en train avec l'animal et avait parcouru à pied les trente miles séparant notre camp, au bord de la rivière Winnipeg, de la gare. C'était un percheron. Un cheval de trait. Une bête de somme, et Shabogeesick montra à tous comment lui mettre un licol, comment le harnacher avec des brides faites de racines de cèdre cousues et de cordes du poste de traite, afin qu'il puisse tirer les carcasses d'orignal et d'ours sur des miles depuis la forêt. Les enfants apprirent à monter sur son large dos. Le cheval tirait les traîneaux des personnes âgées sur les épaisses neiges de l'hiver ; il permettait aux hommes de couper des arbres et de traîner les billots jusqu'à la rivière où ils les faisaient flotter jusqu'au moulin à scie et à papier pour gagner un peu d'argent. Le cheval était un véritable cadeau et le peuple l'appela *Kitchi-Animoosh*. Grand Chien.

Puis un jour, Shabogeesick rassembla tout le monde en cercle sur les rochers d'enseignement, là où les Anciens avaient dessiné des histoires sur la pierre.

Le peuple n'était rassemblé sur ces pierres sacrées que lorsque quelque chose de vital devait être discuté. Aujourd'hui, personne ne sait où se situe ce lieu. De toutes les choses qui allaient disparaître au cours des changements à venir, le chemin menant à ce lieu sacré fut peut-être la perte la plus douloureuse. Shabogeesick avait amené Kitchi-Animoosh, Cheval, qui broutait les succulentes feuilles des trembles pendant que l'arrière-grand-père parlait.

« La première fois que le cheval s'adressa à moi, je ne compris pas le message, leur dit Shabogeesick. Je n'avais jamais entendu cette voix auparavant. Mais nos cousins des plaines me parlèrent de la bonté de cet Être, et je jeûnai et je priai dans la hutte de sudation sacrée pendant de nombreux jours pour pouvoir apprendre à parler avec lui.

« Quand j'émergeai de la hutte de sudation, ce Cheval était là. Je traversai les plaines avec lui et le Cheval me fit don de ses enseignements.

« Un grand changement va venir. Il va venir à la vitesse de l'éclair et il va brûler nos vies. Voici ce que Cheval me dit sous la grande voûte du ciel : "Les peuples vont voir bien des choses qu'ils n'ont jamais vues avant, et je suis l'une d'elles." C'est ce qu'il me dit.

« Quand les Zhaunagush vinrent, ils amenèrent le cheval avec eux. Notre peuple vit le Cheval comme un Être spécial. Il chercha à apprendre son pouvoir sacré. Monter ces êtres-esprits, pourchasser le vent avec eux, devinrent des signes d'honneur. Mais les Zhaunagush ne virent rien d'autre que du vol dans ce que nous avions fait, que l'attitude d'un peuple inférieur, alors ils nous appelèrent voleurs de chevaux.

« Le changement qui vient dans notre direction viendra sous diverses formes. Sous des aspects mystérieux à nos yeux, produisant des sons agressifs à nos oreilles, selon des modes de pensée qui exploseront comme le tonnerre dans nos cœurs et nos esprits. Mais nous devons apprendre à monter chacun de ces chevaux du changement. C'est ce que le futur veut de nous, et notre survivance en dépend. C'est cela, l'enseignement spirituel de Cheval. »

Notre peuple ne savait comment interpréter ce discours. Les paroles de Shabogeesick les effrayaient, mais ils lui faisaient confiance et ils en étaient arrivés à aimer Kitchi-Animoosh. Ils prirent donc bien soin de lui, le nourrirent de grains et de foin de choix, qu'ils échangeaient à la ligne de chemin de fer. Les enfants le montaient pour le maintenir en forme. Quand les hommes des traités nous découvrirent dans notre camp isolé pour nous faire signer nos noms sur les registres, ils furent surpris de voir le cheval. Quand ils demandèrent comment il était arrivé là, notre peuple désigna Shabogeesick, et ce furent les Zhaunagush qui le nommèrent Indian Horse, Cheval Indien. Depuis lors, c'est notre nom de famille.

3

Tout ce que je connaissais d'indien disparut au cours de l'hiver 1961, quand j'avais huit ans.

Ma grand-mère, Naomi, était alors très vieille. Elle était la matriarche de la petite bande dans laquelle j'étais né. Nous vivions encore dans les forêts à cette époque. Nous avions très peu de contact avec quiconque en dehors des Zhaunagush du poste de traite du Nord, à Minaki, où nous apportions nos fourrures et nos baies, ou, de temps à autre, avec un groupe d'Indiens qui tombaient sur nos camps au cours d'un déplacement. Au moindre signe de l'approche d'un étranger, notre grand-mère s'empressait de nous emmener dans la forêt, mon frère Benjamin et moi. Nous y restions jusqu'au départ de l'étranger, même si ça prenait une journée ou plus.

Il y avait un spectre au sein de notre camp. Nous percevions l'ombre de cet être obscur dans les rides du visage de notre mère. Parfois, elle se blottissait auprès du feu, serrant et desserrant les poings, les yeux semblables à des lunes sombres à la lumière des flammes. Elle ne parlait jamais dans ces moments-là, ne pouvait jamais être réconfortée. J'allais vers elle, je lui prenais la main, mais elle ne me remarquait pas.

C'était comme si elle était sous l'influence d'une puissante médecine qu'aucun chaman n'avait le pouvoir de combattre. Le spectre vivait dans d'autres adultes aussi, mon père, mon oncle et ma tante. Mais c'est dans ma mère que sa présence était la plus effrayante.

« L'école, murmurait-elle alors. L'école. »

C'était à l'école que Naomi nous soustrayait. C'était l'école qui avait tellement fait plonger ma mère au fond d'elle-même que parfois elle cessait d'exister dans le monde extérieur. Naomi avait vu les adultes de notre camp enlevés lorsqu'ils étaient enfants. Elle les avait vus revenir lourds d'un chagrin sur lequel il n'y avait aucune prise, et quand mon grand-père mourut, elle ramena toute la famille vers les terres ancestrales, dans l'espoir que le mode de vie ojibwé pourrait les guérir, pourrait soulager leur souffrance.

Hormis mon frère, j'avais une sœur que je n'ai jamais connue. Elle s'appelait Rachel et elle disparut l'année précédant ma naissance. Elle avait six ans.

« Les Zhaunagush sont arrivés d'au-delà de l'eau, nous dit notre grand-mère, à Benjamin et moi, un jour où nous étions cachés dans les arbres. C'était la fin août et, de retour du camp d'été près du lac One Man, nous revenions nous installer près de la rivière. Nos canots étaient remplis de baies. Nous avions projeté d'aller les vendre à Minaki et d'y acheter des provisions pour l'hiver. Nous étions fatigués.

« Je n'ai jamais imaginé qu'ils viendraient à l'aube. Moi, j'ai toujours pensé que les Zhaunagush dormaient tard, comme de vieux ours gras. Mais ils sont entrés dans notre camp et j'ai tiré mon vêtement sur Benjamin, qui était si petit, que j'ai pu le dissimuler à leur vue. Mais, ils ont trouvé Rachel et l'ont emmenée dans leur bateau.

« Je suis restée debout sur les rochers pour les regarder. Eux, ils avaient un bateau avec un moteur, et quand ils ont passé le coude de la rivière, je me suis dit que les choses pouvaient se dérober bien vite à notre vue. Les cris de Rachel flottaient dans l'air comme la fumée d'un feu de bois vert. Mais ils ont pourtant fini par s'évanouir et il n'est plus resté rien d'autre que le sillage de ce bateau, qui revenait claquer sur les rochers à mes pieds.

« C'est tout ce qu'il me reste d'elle à présent – le clapotis de l'eau sur les rochers. Chaque fois que je l'entends, je me rappelle cette aube où les hommes blancs sont venus nous enlever Rachel. »

Nous nous cachions donc des hommes blancs. Benjamin et moi développâmes l'ouïe fine des gens de la forêt. Quand nous détections le ronronnement d'un moteur, nous savions qu'il fallait courir. Nous saisissions la main de la vieille femme et nous filions au milieu des arbres pour y trouver un endroit où nous mettre à l'abri jusqu'à ce que nous soyons certains qu'il n'y avait plus de danger.

J'appris l'anglais en même temps que l'ojibwé. Mon père m'apprit à lire dans des livres de Zhaunagush, il me montrait comment former les sons en traçant les lettres du bout du doigt pour me guider. Ils paraissaient durs, ces mots de l'homme blanc – anguleux et pointus sur ma langue. La vieille Naomi luttait contre cet enseignement, en essayant de jeter les livres au feu.

« Ils viennent sous d'autres formes, eux, les Zhaunagush. Leur langage et leurs histoires peuvent t'emporter aussi rapidement que leurs bateaux. »

C'est ainsi que je grandis dans la crainte de l'homme blanc. Il s'avéra que j'avais raison.

En 1957, quand j'avais quatre ans, ils prirent mon frère, Benjamin. La vieille femme et moi étions en train de ramasser des racines dans une clairière derrière les arbres qui poussaient au bord de la rivière. Les hommes et mon frère étaient au pied de rapides, en train de poser des filets maillants. L'avion arriva de l'ouest et nous ne l'entendîmes pas assez tôt. Naomi et moi réussîmes à atteindre une cavité dans les rochers, mais les hommes et mon frère n'avaient nulle part où aller. L'avion bloqua toute retraite, et nous sortîmes à quatre pattes de notre fissure dans les rochers pour voir ces hommes de l'avion descendre un canot à l'eau et forcer le canot de ma famille à rejoindre la rive opposée. Ils avaient des fusils, ces Zhaunagush. Je crois que s'ils n'en avaient pas eu, mon père et mon oncle les auraient chassés et que nous nous serions enfuis dans le pays d'en haut. Mais ils tinrent mon frère sous la menace d'un fusil et le poussèrent dans l'avion.

Au camp, ma mère s'effondra sur le long rocher plat qui s'étendait jusqu'à la rivière. Personne ne put la faire bouger. Elle resta là pendant des jours, et ce n'est que la fraîcheur des premières pluies d'automne qui la fit se lever et revenir auprès du feu. C'est alors qu'elle fut perdue pour moi. Je pouvais le voir. Elle était décharnée et vidée d'avoir pleuré pendant des journées entières – sa peau était une tente sur ses os. Quand Benjamin disparut, il emporta une part d'elle-même avec lui, et personne ne put rien faire pour combler ce vide. Mon père essaya. Il ne quitta jamais son chevet des semaines durant. Mais maintenant qu'elle avait perdu deux enfants, elle ne dirait plus jamais rien d'autre que « l'école » – des mots comme une meurtrissure dans l'air. En conséquence, il la laissa, et mon oncle et lui descendirent la rivière à la pagaie pour aller vendre les baies. Lorsqu'ils revinrent, ils ramenèrent l'homme blanc avec eux sous forme de bouteilles brunes. Des esprits, les appelaient Naomi. De mauvais esprits. Ces esprits faisaient bouger les adultes de curieuse façon, avec des mouvements saccadés, et leurs paroles étaient déformées. Je m'endormais au son de rires diaboliques. Parfois ma mère se levait en titubant et dansait autour du feu, son ombre se projetait sur la peau tendue de la tente telle la silhouette d'un squelette. Je serrais mon vêtement autour de ma gorge, m'étendais à la place que mon frère occupait autrefois et attendais que le sommeil m'emporte.

Par les nuits claires, la vieille femme et moi nous asseyions sur les rochers au bord de la rivière. Les étoiles faisaient des moulinets au-dessus de nous et nous entendions les loups s'appeler. Naomi me racontait des histoires des temps anciens. Elle me parlait de mon grand-père et du savoir de médecine qu'il portait en lui. Une bonne médecine. Une médecine puissante, ojibwée. La rivière, rayonnante à la lueur de la lune du Nord, dessinait des méandres. Dans les arabesques de ses remous, je croyais parfois entendre des chants en langue ojibwée. Des chants d'honneur qui m'élevaient au-dessus de la douloureuse absence de mon frère. Cette voix me donnait des forces, tout comme la main ferme et chaude de Naomi sur ma fragile omoplate.

4

Après la disparition de Benjamin, ma famille quitta la forêt et les berges de la rivière. Un jour, nous partîmes en canot et laissâmes le camp derrière nous. Ma grand-mère vint elle aussi, bien qu'elle se soit prononcée contre ce déplacement. Alors, ma mère semblait ne presque plus rien peser. J'étais toujours surpris de constater qu'elle laisse des empreintes. Elle n'était plus que de l'air. Ses yeux étaient vides et elle marchait courbée en deux comme une vieille femme.

Mon père supportait tout cela dans un silence stoïque. Mais quand il soulevait une hache, il décrivait un arc de colère, quand il dépeçait un chevreuil, l'incision du couteau était plus cruelle. Cette énergie, si brutale et si dense, était à l'opposé de celle de ma mère.

Mes deux parents s'étaient mis à consommer la boisson des Zhaunagush et nous quittions la forêt à sa recherche. Nous suivions le whiskey jusqu'aux camps provisoires des sang-mêlé qui se rassemblaient sur les terres abandonnées autour des villes d'industrie du sciage, dans l'attente des petits travaux qu'on voulait bien leur concéder. Du travail d'Indien. C'est ainsi que les gens des moulins à scie et à papier l'appelaient.

Les hommes et les garçons arpentaient la forêt pour y couper les arbres morts et traîner les billots jusqu'à des endroits dégagés où des débusqueuses pouvaient les récupérer. C'était leur boulot de dégager les mauvais arbres qui rendaient l'abattage du bois de première qualité plus difficile pour les bûcherons blancs. Il n'y avait pas de tronçonneuses. Les métis et les Indiens coupaient tout à la main avec des scies à bûches et des haches. C'était un travail violent pour un petit salaire, et ce qui était versé était rapidement bu. Il n'y avait pas beaucoup de gamins dans ces camps. La plupart d'entre eux avaient été enlevés par les hommes du gouvernement. Que personne ne soit jamais venu me chercher attestait plutôt de la nature invisible de nos vies que de la chance. Je tirais le chariot sur les routes boueuses et pleines d'ornières qui traversaient le village de tentes pour atteindre les limites désolées de la ville où vivaient les pauvres Blancs, afin d'y vendre du bois de chauffage que nous, les gamins, nous cassions à la main. Les gens du bois-brisé. C'est ainsi que nous appelaient les Zhaunagush des moulins à papier. Les gens du bois-brisé.

Nos vies ne furent plus que des marches pénibles d'un village de tentes à l'autre. Parfois il y avait une cabane de toile goudronnée abandonnée, que nous pouvions appeler maison, mais pour l'essentiel nous vivions avec les autres, tout aussi déplacés que nous, dans des tentes de toile, disposées en cercle autour d'un feu central. Nous partagions la chaleur et la nourriture que nous avions. J'appris à prendre les lapins au collet et à voler les poulets. Je développai un dégoût pour l'infecte odeur de soufre en même temps que j'appris à supporter la puanteur du chien rôti, la morsure de la tisane à la résine de pin pour faire passer les sandwichs au saindoux, qui constituaient notre nourriture de base. Naomi me racontait des histoires, me tenait à l'écart des adultes quand ils étaient sous l'emprise de la boisson. Elle me montra comment dépouiller les écureuils et les marmottes que nous attrapions parfois dans ces bois clairsemés.

Nous nous installâmes à Redditt pendant l'hiver 1960. Il y avait beaucoup de travail pour les hommes là-bas. Nous réussîmes à acheter un poêle pour notre tente et nous traversâmes les lunes des neiges profondes dans un confort dont nous avions oublié l'existence. Dans cette atmosphère porteuse d'espoir, mon père but moins. Il y avait plus d'argent pour la nourriture, et je cessai de casser les bouts des branches qui dépassaient de la neige pour les traîner dans mon chariot. Au printemps, j'avais grandi, j'étais devenu souple et maigre.

Ce printemps-là, nous cueillîmes champignons, légumes verts et oignons sauvages. Un ruisseau courait depuis un lac de tourbière jusqu'au cours d'eau principal, et ma grand-mère me montra comment ouvrir un sac de jute et y piéger les meuniers qui remontaient la rivière pour pondre. J'appris à les nettoyer avec de rapides mouvements de couteau et à utiliser les tripes comme appât pour les lignes de nuit que je posais afin qu'elles dérivent dans le courant de la grande rivière. Nous fumions ces poissons. Parfois, nous les enduisions d'épaisses couches de glaise et nous les cuisions dans le feu. Ma grand-mère faisait des aiguilles de leurs arêtes, pour coudre les boutons de mes chemises bien abîmées. On commençait à avoir l'impression qu'on pourrait se construire une vie à nous aux abords de cette ville primitive. Vint l'été. Presque tous les soirs, ma mère était assise avec nous auprès du feu, même si elle portait toujours en elle cette profonde tristesse.

5

Puis Benjamin sortit de la forêt. Il s'était enfui de l'école de Kenora. Les gens qu'il rencontra lui dirent où nous étions allés, il avait suivi la voie ferrée en direction du nord, puis la route. Ça faisait soixante miles jusqu'à Redditt, et il avait parcouru tout le chemin à pied. Il était couvert de piqûres d'insectes et maigrichon, plus grand que la dernière fois où nous l'avions vu. Ses cheveux étaient coupés ras et ses vêtements amples paraissaient encore plus lâches à cause du poids qu'il avait perdu pendant le voyage. Pendant un instant, personne ne sut qui il était.

« Maman », dit-il.

Ma mère sortit de son désespoir dans une tornade de larmes et de rires.

Il y eut une grande célébration. Mon frère s'assit près du feu, on lui donna du ragoût clairet et ma grand-mère prépara de la bannique qu'elle fit cuire sur un bâton au-dessus des flammes. Je me tins debout à côté de lui pendant qu'il mangeait. Il était différent. Pas seulement par la taille. Il y avait de la méfiance dans ses yeux et de la dureté dans le port de son menton. Ses mains tremblaient un peu quand il détachait les morceaux de bannique. Il m'avait salué d'un « Saul », accompagné d'un hochement de tête soutenu. C'était bizarre de voir des expressions d'homme mûr sur le visage d'un enfant. Puis il toussa.

La toux le secoua violemment et il se plia vers l'avant. La bosse de son dos se soulevait et se baissait sous l'effort. Les adultes reculèrent d'un pas, la peur sur le visage. Seule ma grand-mère s'approcha pour s'occuper de lui. Elle l'allongea sur ses genoux et tint délicatement sa tête. Ses quintes diminuèrent progressivement. Quand elles finirent par disparaître, il avait le visage rouge et des larmes dans les yeux. Je vis combien cette crise l'avait encore amenuisé. Il se blottit contre ma grand-mère et porta une main à sa bouche pour s'efforcer de respirer régulièrement. « Le mal de la toux, nous dit-elle. Il a attrapé ça à l'école. »

Au cours des quelques jours suivants, mon frère se reposa. Il faudrait des années avant que je connaisse le nom complet de ce qu'il avait, mais cette tuberculose que mon frère portait dans ses poumons angoissait toute la famille. Ma mère se replia encore une fois dans son malheur. Mon père but beaucoup. Un soir, ma grand-mère persuada gentiment tout le monde de se rassembler auprès du feu, et elle nous parla.

« Il n'y a pas beaucoup de temps, commença-t-elle. La maladie de la toux est bien installée chez Benjamin, et je crois que les Zhaunagush vont bientôt venir le chercher. Quand ils le feront, ils vont trouver Saul et nous allons les perdre tous les deux. »

Il fallait que nous allions là où les hommes du gouvernement ne pourraient pas nous trouver, disait ma grand-mère. Il fallait que nous retrouvions un mode de vie respectable. Il fallait que nous emmenions

Benjamin dans un endroit où l'air et la terre pourraient détendre son esprit.

« Il a douze ans, dit-elle. Saul en a sept. Ils sont assez vieux à présent pour danser sur le *manoomin*, le riz sauvage, selon les rites ancestraux. Leur grand-père l'aurait voulu pour eux. Nous allons partir au lac Gods. »

Personne ne discuta. Dans les paroles résolues de la vieille femme, il n'y avait aucune place pour la contestation. Nous commençâmes à préparer le voyage. Mon père utilisa l'argent de son dernier salaire pour acheter trois vieux canots de transport que mon oncle, ma grand-mère et lui rapiécèrent avec de la résine de pin chauffée sur le feu. La vieille femme échangea discrètement le whiskey de mon père contre un fusil, des cartouches et deux lourdes bassines en métal. Après avoir emballé les tentes et pris tout ce que nous pouvions comme nourriture, nous partîmes à la pagaie jusqu'au lac Gods, au plus profond de la forêt. Grand-mère connaissait la contrée et elle nous guida le long des portages jusqu'à la rivière Winnipeg, puis, après Minaki, vers le nord, puis de nouveau vers l'est au-delà du lac One Man. Nous voyageâmes pendant dix jours. Benjamin et moi étions assis au centre d'un des grands canots, avec notre grand-mère à la poupe, nous guidant entre les bancs de sable et à travers les rapides pour nous faire arriver sur de magnifiques étendues d'eau. Un jour, les nuages étaient très bas et une légère pluie piquetait les minces couches d'eau gris ardoise qui recouvraient notre proue. Les grosses gouttes étaient chaudes, Benjamin et moi nous les attrapions sur nos langues tandis que notre grand-mère riait derrière nous. Nos canots effleuraient l'eau et alors que j'observais la berge, j'eus l'impression que c'était la terre qui était en mouvement. Les rochers étaient logés en son sein comme des hymnes, et les arbres se dépliaient comme des doigts crochus pour prier. C'était grandiose. Ben aussi le ressentit. Il me regarda, les larmes aux yeux, et je soutins son regard un bon moment, m'abreuvant du visage de mon frère. Quand il toussait, je lui posais une main dans le dos.

« Dans le temps d'autrefois, avant les Zhaunagush, un jour de la fin d'automne, un groupe de chasseurs partit en quête d'orignaux. » La voix de ma grand-mère portait sur l'eau et les deux autres canots vinrent à notre hauteur de façon que les adultes puissent entendre. « Ils prirent la même voie que celle que nous suivons, et ils n'avaient jamais vu une telle force dans la nature. Les rochers semblaient chanter pour eux.

« En ces temps-là, notre peuple s'en remettait à l'intuition – le grand pouvoir spirituel de la pensée –, et les chasseurs trouvèrent un portage en un endroit plat, pas très éloigné de là où nous sommes actuellement. Il conduisait à un pays entrecoupé de crêtes. Il était très difficile d'y marcher, mais ils suivirent un petit ruisseau qui s'écoulait dans une brèche jusqu'au moment où ils eurent l'impression que les terres se refermaient derrière eux comme le rabat d'un wigwam. Ils sentaient la sérénité dans leurs os, et certains d'entre eux avaient peur. Mais le besoin de viande pour l'hiver qui s'approchait était si fort qu'il les poussa à continuer.

« Finalement, le ruisseau les conduisit à un lac caché. La berge était étroite et la courbure de la cuvette du lac était raide, à l'exception d'une section qui descendait en pente douce depuis une tourbière de mélèzes. Les chasseurs savaient qu'ils y trouveraient des orignaux et ils furent réconfortés.

Ils commencèrent à chercher l'endroit le plus pratique pour préparer leur gibier. L'eau de ce lac était noire et calme, pourtant le silence qui l'entourait les rendait nerveux. Les chasseurs éprouvaient la sensation d'être surveillés depuis les arbres.

« Enfin, les hommes arrivèrent à un endroit où une falaise avait déversé de la gravelle pour former une large rive. Il y avait des bas-fonds permettant de tirer les canots à terre, près d'un bon groupe d'arbres et de fourrés de saules. Ça semblait être un endroit parfait pour établir le camp. Ils échouèrent les canots et se tinrent sur cette grève de gravelle pour regarder autour d'eux. L'air ne bougeait pas. Il leur semblait difficile de respirer, et leur sensation d'être surveillés grandit.

« Alors qu'ils commençaient à décharger, les chasseurs entendirent des rires provenant des arbres et le roulement profond de voix s'exprimant dans la Langue ancestrale, la langue des origines, jamais parlée sauf pendant les cérémonies. Mais il n'y avait personne. Tandis que, pris de panique, ils pataugeaient dans les bas-fonds pour essayer de remettre leurs canots à l'eau, un rire tomba en cascade depuis les arbres. Les poils se redressèrent sur la nuque de ces chasseurs, et ils tremblaient en pagayant en direction de l'entrée du portage. Quand ils furent de retour chez eux, tous leurs cheveux étaient blancs.

« Le peuple appela ce lieu *Manitou Gameeng*, et il devint le lac Gods, le lac de Dieu, quand les missionnaires zhaunagush entendirent ce récit. Personne ne pouvait y rester ; chaque fois que quelqu'un entreprenait de le faire, une puissante présence l'écrasait et il s'enfuyait. Mais Solomon fit un rêve. Dans ce rêve, notre famille récoltait le riz sauvage au lac Gods, nous étions heureux et bien installés, le ciel était d'un bleu profond et sans nuages. Alors, un printemps, nous nous y rendîmes. Nous fîmes une cérémonie sur les rochers à la base de cette falaise, nous chantâmes des chants anciens, nous récitâmes des prières dans la Langue ancestrale et nous préparâmes un festin, apportâmes des assiettes pour les esprits au milieu des arbres, où nous les y laissâmes. Nous fîmes un feu sacré et brûlâmes tout ce qui restait de nourriture ; votre grand-père gravit la paroi de cette falaise et déposa en haut une offrande de tabac.

« L'air devint moins lourd, la brise commença à souffler et il y eut la paix. Mais personne d'autre n'a pu y aller depuis. Les hommes en sont toujours chassés. Seule la famille d'Indian Horse peut aller au lac Gods. C'est notre territoire. Le riz sauvage qui pousse à l'extrémité sud est pour nous, nous le récolterons selon la tradition comme une forme d'offrande aux Anciens. »

Cette histoire nous fit froid dans le dos. Même les adultes, qui l'avaient entendue de nombreuses fois déjà, se turent. Je me demandais ce qu'il allait advenir de nous là-bas. Je me demandais si les esprits, les *manitous*, du lac Gods allaient porter sur nous un regard empreint de pitié et de compassion, si nous allions prospérer sur ces terres qui étaient à nous seuls.

6

Nous parvînmes au lac Gods en début d'après-midi, par un jour de fin d'été. Il formait une grande cuvette d'un noir d'encre, coulée dans le granit et bordée d'épicéas, de pins et de sapins. Sur la rive, comme ma grand-mère nous l'avait raconté, se trouvaient de grands cèdres, une tourbière de mélèzes et à l'extrémité sud, une large baie peu profonde, où le *manoomin* croissait en abondance. Au début, l'air était calme. Mais à mesure que nous pagayions en direction de l'extrémité nord, là où les falaises d'un blanc gris déversaient leur gravelle pour former la rive, une brise se leva et nous perçûmes des bruits d'oiseaux en provenance des roseaux et des bas-fonds. Deux aigles nous regardaient depuis la cime d'un vieux pin déchiqueté. Une ourse et deux oursons se séparèrent à notre approche et traversèrent à toute allure les fougères et la prairie pour disparaître dans les arbres à sa lisière. Il faisait chaud et des guirlandes de petits nuages ornaient le ciel au-dessus de nous.

Nous montâmes les tentes dans une clairière au milieu des arbres. Chaque matin, je pouvais repousser le rabat de la tente que mon frère et moi partagions, voir l'eau, le rivage d'en face, le brouillard se lever comme dans un rêve. Il y avait du gibier, des poissons et des baies, et nous mangions comme jamais nous ne l'avions fait auparavant. Tout le monde semblait apprécier les promesses du lieu. Ben se rétablit suffisamment pour m'aider à ramasser le bois pour le feu, à poser les lignes de nuit et à marcher jusqu'en haut de la crête afin de nous y asseoir pour observer les terres alentour. Les dieux du lac Gods semblaient contents que nous soyons là, et tandis que diminuaient les semaines qui nous rapprochaient de la toute fin de l'été, notre camp était insouciant et paisible.

Par une fin d'après-midi, je montai seul jusqu'à la crête pendant que mon frère dormait dans la tente. De là, on aurait dit que le monde entier était un tapis vert parsemé de zones pelées où des rochers roses, pointus ou en replat, surgissaient des arbres. Le ciel était bleu clair à l'infini. Une légère brise passait délicatement sur le lac. J'en étais venu à apprécier une petite saillie de granit rose qui ressemblait au fond d'un canot renversé. Depuis ce lieu, je voyais dans toutes les directions et j'aimais être entouré par tout cet espace étonnant. Pendant que j'étais assis là et que la chaleur du soleil se déversait sur moi, je fermai les yeux. J'entendais la brise dans les arbres. Elle avait son propre tempo. Lent. Mesuré. Ma respiration se ralentit pour l'accompagner. C'est alors que j'entendis mon nom. Il était murmuré si bas que je crus d'abord l'avoir imaginé. Puis je l'entendis de nouveau. Mes yeux s'ouvrirent d'un coup et je regardai autour de moi. Personne, seules les branches des arbres qui rebondissaient doucement dans la brise. De frêles nuages s'étaient déployés dans l'immense voûte de ciel bleu. Je me levai et marchai jusqu'au bord de l'arête et je regardai vers le bas. La pente était abrupte.

« Saul. » Ce son me parvint, long et distendu, si bien qu'il n'avait pas du tout la sonorité d'un mot. Mais je l'entendis néanmoins. « Saul. »

Lorsque je regardai de nouveau le lac, je vis des gens. Ils étaient dans leurs canots, occupés à poser des filets. Un groupe de femmes pataugeaient dans les bas-fonds, ramassant des racines de massettes, et des enfants riaient en éclaboussant les vairons. Quelques jeunes hommes sortaient de la forêt en portant des carcasses de chevreuils sur des pieux, et maintenant, je voyais un camp d'une douzaine de wigwams au pied de la grande falaise. Des femmes grattaient des peaux étendues sur des châssis de peuplier tandis que des enfants couraient autour d'elles. Deux anciens étaient assis auprès d'un feu, et pendant que je regardais, l'un des hommes leva les yeux vers moi et me fit un signe de la tête. Il souleva le fourneau noir de sa pipe dans ma direction.

Puis ce fut soudain la nuit. Au centre du camp, les flammes s'étiraient vers le ciel, et dans la lumière vacillante, j'aperçus des gens qui dansaient. Quelqu'un jouait du tambour à main et les louanges du chant qu'ils interprétaient perçaient de ses joyeuses syllabes aiguës l'obscurité où je me tenais. Le feu faisait monter jusqu'à moi des parfums de cèdre, de sauge et de viande grillée, et j'avais grand-faim. La lune était pleine. Alors que le rythme du tambour et du chant ralentissait, tout le monde se joignit à la danse et j'entendis des rires aussi distincts que l'appel des oiseaux de nuit.

Puis ce fut la nuit profonde et, dans la faible lumière bleue de la pleine lune, le camp dormait. Le feu s'était réduit à une fumée paresseuse qui s'élevait en volutes au-dessus de tout. Deux chiens dormaient à côté. Au pied de la grève de rochers, les canots se heurtaient et s'entrechoquaient sous la faible pression des vaguelettes qui se brisaient sur la pierre. L'homme que j'avais vu plus tôt auprès du feu était debout sur la grève et il chantait. Il tenait un long bâton dont une extrémité était incandescente, et je humai les arômes du foin d'odeur, du tabac, du cèdre et de la sauge au moment où il posa le bâton sur un rocher plat et où il battit l'air à l'aide d'un grand éventail de plumes, pour faire monter la fumée et la faire circuler autour de lui. Dans le chant qui me parvenait, j'entendais des fragments de la Langue ancestrale. L'homme levait haut les bras, doigts écartés. Quand il eut fini de chanter, il pencha la tête. Le silence pesait lourdement sur tout. Je frémis. Il s'écoula un long moment, puis de l'ouest, au loin, arriva le hurlement du chant d'un loup. Le chant du loup se fit de plus en plus fort et alors qu'il atteignait son crescendo, je vis le visage du vieil homme à la lumière de la lune. Il me fixa à son tour et l'éclat de ses yeux me réconforta. Puis il ferma lentement les paupières et, encore une fois, tout changea.

À présent, c'était le matin. La brume se levait sur le lac pour se déplacer vers la grève de rochers et envelopper le camp. Un grondement agita le sol sous mes pieds et j'entendis le bruit d'une cascade de rocs.

Je tombai sur le sol tandis que le grondement se faisait plus fort. Un nuage de poussière m'enveloppa. Une fois le grondement calmé, le silence fut si profond qu'il m'effraya. J'avançai à quatre pattes jusqu'au bord de l'arête pour jeter un coup d'œil. La paroi de la falaise s'était effondrée et le camp avait disparu. Volatilisé. Même les arbres avaient été anéantis et la grève était jonchée de blocs rocheux. L'odeur crayeuse de la poussière de roche me fit monter les larmes aux yeux et je restai immobile à pleurer, les épaules secouées à la pensée de ces gens enfouis sous toutes ces pierres.

« Saul », entendis-je derrière moi.

Je me retournai pour voir ma grand-mère, debout, bras grands ouverts. Je m'y laissai tomber, et je pleurai sur sa poitrine.

7

Ma grand-mère ne l'expliqua jamais, mais c'était tout à fait inutile. Maintenant, je savais pourquoi le lac Gods appartenait à notre famille : parce qu'une partie de notre famille était morte là et que leurs esprits parlaient toujours depuis les arbres. D'une certaine façon, savoir cela était un réconfort pour moi.

Les femmes nous apprirent à Ben et moi comment exécuter des tressages élaborés à partir d'écorce de saule rouge. Il y avait un dessein derrière ce nattage et notre grand-mère surveillait que nous les exécutions correctement.

« Avant les changements qu'apportèrent les Zhaunagush, notre peuple faisait des *mamaawash-kawipidoon*, des liens en tiges de riz exactement comme ceux-ci. Chaque famille avait son propre style de tresse, nouée à sa manière propre, de sorte qu'on puisse le reconnaître dans les champs de riz sauvage. Les épis de riz sont noués à l'aide de ces tresses. » Elle parlait en travaillant. C'était comme si ses mains pouvaient penser toutes seules. « Nous faisons une cérémonie après la récolte. Elle nous apprend à nous souvenir que le riz est un don du Créateur.

— C'est un don de Dieu », dit posément ma tante.

La vieille femme répliqua tranquillement :

« Peu importe comment tu écris l'adresse, l'expéditeur reste le même.

— Nous devrions prier avec un rosaire et faire nos remerciements de la bonne façon, dit ma tante. Cette façon-ci est mauvaise.

— Blasphème, acquiesça ma mère.

— Cette école t'a donné des mots qui ne s'appliquent pas à nous, ajouta ma grand-mère. Ici, il n'est pas utile de garder l'esprit ligoté à la peur.

— On nous a appris la crainte de Dieu, dit ma mère.

— Qui aime ne brandit ni ne requiert la peur. »

La vieille femme interrompit son tressage pour regarder ma mère et ma tante, mais elles tinrent leurs têtes baissées et continuèrent leur nouage. « Ici, grâce à cette vieille coutume, peut-être redécouvrirez-vous ces choses-là et vous les réapproprierez-vous. »

Je ne compris pas les mots qu'elles utilisaient ce jour-là. Je savais seulement que c'était bien et juste d'accomplir la tâche que nous faisions, la simple cérémonie des nouages pour les liasses de riz. Quand nous eûmes terminé, ma grand-mère, Ben et moi partîmes à la pagaie sur un canot, et elle nous montra comment nouer les tiges de riz de façon à le récolter plus efficacement. Elle se servait d'une longue perche fourchue pour nous faire passer entre les champs de riz sauvage. Au cours du lent et régulier mouvement du canot, mon frère et moi suivions les instructions de notre grand-mère. Plus tard, une fois que les rabats des tentes furent baissés et que j'entendis les voix des adultes par-dessus le crépitement du feu, je me rendis compte que mon frère n'avait pas toussé de tout ce temps. Il dormit paisiblement toute la nuit.

Quand la lune du riz se leva, Ben et moi fûmes chargés de creuser deux foyers peu profonds et de ramasser du bois. Puis, à quelques mètres des feux, nous creusâmes un autre trou, plus grand et un peu plus profond et nous le tapissâmes de toile de bâche. Le jour de la récolte, nous allumâmes les feux tôt le matin. Dans la fraîcheur de l'aube, ma grand-mère chanta en Langue ancestrale, sa voix se propageant sur l'eau et nous revenant en écho depuis la paroi de la falaise. Elle saupoudrait ce feu de cèdre frais. Mon frère et moi, nous inspirions tout au fond de nous l'air vif et nous essayions de chanter en chœur avec la vieille femme, même si nous ne connaissions pas les paroles. Ben se mit à tousser et dut s'interrompre. Mes parents, ma tante et mon oncle restèrent à l'écart, près des arbres, le bout des bottes de mon père traçait des cercles dans la poussière.

Après avoir mangé, les adultes partirent à la pagaie jusqu'aux champs de riz sauvage. Ben et moi, nous occupions du feu et quand il y eut une bonne couche de braises, nous déposâmes sur les grosses bûches de bois vert les cuvettes métalliques que ma grand-mère avait apportées, afin qu'elles chauffent. Nous savions ce qui allait arriver dans les canots. Elle nous l'avait dit.

« Les hommes vont faire avancer les canots à la perche entre les tiges. Nous, les femmes, nous allons abaisser les têtes des liasses de riz avec un bâton. Puis nous allons taper sur ce bâton avec un autre, et le riz va tomber dans le canot. »

Le puissant claquement des bâtons traversait l'eau.

« Nous continuons à frapper ce riz jusqu'à ce que les canots ne puissent plus en recevoir. Alors, les hommes nous guident pour revenir ici auprès des feux. »

Nous entendîmes un cri à peu près une heure plus tard. Au loin, les canots émergeaient des champs de riz, tellement enfoncés dans l'eau que je crus qu'ils allaient couler. Les femmes étaient assises au fond. Nous voyions le riz recouvrir leurs jambes qu'elles avaient cachées sous d'épais pantalons pour se protéger des morsures des vers de riz. Ma grand-mère, ma mère et ma tante pagayaient tranquillement. Les hommes étaient debout à la poupe et se servaient du bout de leur pagaie pour diriger les canots. Apparemment, la traversée du lac leur prenait un temps infini. Lorsqu'ils furent plus près, j'avançai dans l'eau pour les aider à approcher autant que possible de la grève la proue des canots. J'aidai les femmes à descendre et tous les quatre, nous tirâmes les canots sur le rivage de pierre. Une fois que mon père et mon oncle eurent mis les canots au sec, nous commençâmes à jeter le riz dans les cuvettes métalliques.

Quand elles furent pleines, les hommes les portèrent sur le feu et les femmes prirent les pagaies pour passer le riz au crible. La fumée s'élevait en volutes au-dessus et autour d'elles et elles se frottaient les yeux. Pendant qu'elles travaillaient, mon père et mon oncle partirent dans la forêt et revinrent avec deux grandes perches qu'ils écorcèrent et utilisèrent comme étais dans des trous qu'ils avaient creusés de chaque côté de la plus profonde fosse, tapissée de toile de bâche. Quand le riz se fut suffisamment desséché à la chaleur, ma grand-mère nous fit signe, à Ben et moi, de prendre position à côté des hommes.

« Dans les temps anciens, il était important que les garçons apprennent à être des hommes, à être responsables. La danse du riz était l'une des premières coutumes qui les y préparaient, dit ma grand-mère.

« Le riz est sacré. Quand le Créateur envoya les Anishinabés, les Ojibwés, à l'est de la Grande Eau en quête de leur patrie, il nous prescrivit de nous arrêter quand nous parviendrions en un lieu où la nourriture poussait sur l'eau. Ce pays du riz, c'est le lieu que nous avons trouvé.

« Vous, les garçons, vous allez écraser la glume du riz desséché et en séparer les grains en faisant des petits pas réguliers. J'utiliserai le hochet de votre grand-père pour m'accompagner pendant que je chanterai le chant du riz. Les perches de chaque côté de la fosse vous aideront à garder votre équilibre. »

Notre grand-mère vint enduire nos pieds d'herbes sacrées et marmonner une prière. Lorsqu'elle prit le hochet et se mit à chanter, Ben et moi entrâmes dans la fosse. Les épis de riz se déplaçaient de façon insensée sous nos pieds et nous luttions pour garder la mesure du chant. Dans le hochet, les graines sèches faisaient le même bruit que les glumes de riz. Le crissement des épis sous nos pieds prit un rythme que nous cherchâmes à maintenir. Quand elle eut déterminé que le lot était décortiqué, notre grand-mère nous fit signe d'arrêter.

Après que Ben et moi fûmes sortis de la fosse, mon père et mon oncle soulevèrent la bâche et déversèrent le riz sur une couverture posée sur les rochers près de la rive. Ma mère et ma tante remplirent de riz des paniers plats, se tournèrent face à la brise et commencèrent à faire sauter le riz en l'air. Je regardais la brise s'emparer du riz et en chasser les glumes écrasées. Puis la fosse fut de nouveau remplie et nous recommençâmes, Benjamin et moi, à piétiner le nouveau lot. Nous travaillâmes ainsi toute la matinée, les jambes brûlantes. Benjamin essaya de cacher sa toux aux adultes. Je voulus appeler, mais il me regarda, poing devant la bouche, en secouant la tête.

Le soleil était haut lorsque nous entrâmes dans la fosse pour le dernier chargement. Mon frère s'aspergea d'eau et s'essuya le visage. Il s'appuyait plus fort sur la perche, plié en deux par des quintes de toux qui le secouaient violemment. Il réussit à faire quelques pas avant d'être repris par la toux. Une écume de sang jaillit de sa bouche et éclaboussa le riz à nos pieds. Benjamin s'appuya sur la perche avant de tomber sur le flanc au bord de la fosse. Je hurlai.

Nous tirâmes mon frère de la fosse et nous l'étendîmes sur une couverture au milieu des arbres. Il ne pouvait s'arrêter de tousser et ses poumons faisaient un bruit humide, un bruit de succion. Finalement, ma grand-mère dit que nous devions le déplacer.

Mon frère était sans forces et brûlant, il paraissait frêle entre mes mains. Vidé. Quand nous l'étendîmes sur des branches de sapin dans la tente, il donna l'impression d'y sombrer, comme si la terre était déjà venue le réclamer.

Nous nous relayâmes pour lui apporter de l'eau, la vieille femme et moi. Les autres restèrent à l'écart. Nous les entendions parler auprès du feu, mais ma grand-mère était trop occupée à faire des thés et des potions, à utiliser des racines qu'elle avait trouvées en fouillant les fourrés voisins, pour y prêter la moindre attention. Je percevais le gouffre qui existait entre nous trois et les autres comme s'il était un être vivant. Il ne semblait y avoir aucun moyen d'abolir cette distance. C'est la première fois où je me souviens d'avoir eu peur de mes parents. Ils alimentaient le feu et étaient assis dans son ombre. La lune se leva. Quand je ne pus plus garder les yeux ouverts plus longtemps, je m'appuyai contre ma grand-mère à l'extérieur de la tente où mon frère toussait violemment dans l'obscurité, et je m'endormis.

Au matin, il était mort.

8

Le lamento funèbre de ma mère au bord de la rivière donnait le frisson. Mon père, debout auprès du feu, se frottait les mains tout en marmonnant. Ma tante et mon oncle étaient assis, blottis dans les bras l'un de l'autre, tandis qu'elle récitait le rosaire et pleurait. C'est ma grand-mère qui prépara le corps de mon frère. Elle alla chercher de l'eau au lac, y fit tremper des branches de cèdre et le lava. Je l'entendais chanter dans la tente. Ma gorge était si serrée que j'en toussais presque moi aussi. Personne ne vint me demander comment j'allais. Au lieu de cela, une fois les soins accomplis, la vieille femme sortit de la tente et nous invita tous à venir près du feu.

« Nous allons l'honorer selon l'ancienne coutume, dit-elle. Nous allons le porter jusqu'à un point élevé, le coucher dans le sein de la terre, les pieds vers l'est, face au soleil levant. De cette façon, son esprit pourra suivre la trajectoire du soleil dans le ciel et entreprendre le Voyage de l'âme.

— Païenne, proféra ma mère. C'est mon fils. Nous allons le conduire chez le prêtre.

— Ils ne vont pas l'honorer.

— Tu ne l'honores pas ! cria ma mère. Tu l'as amené en ce lieu abandonné. Tu nous as dit qu'en venant ici nous retournerions au temps des origines. Mais ces coutumes ne sont plus. Ces dieux sont morts. Nous devons emmener mon fils chez le prêtre pour qu'il puisse retourner dans le sein du Christ.

— Ton chagrin t'a aveuglée. »

Ma grand-mère tenait la jatte qui contenait les médecines sacrées, mais ma mère la renversa d'un revers de la main.

« Tu n'as pas droit à la parole. C'est mon fils. Il recevra les rites de l'Église. On va prendre ce riz qui lui a coûté la vie et on va le vendre pour lui acheter un cercueil, et il sera enterré comme il faut. Pas ici. Pas fourré dans un trou dans la terre. »

Ma mère marcha jusqu'à mon père, lui prit la main et l'éloigna du feu. Ma tante et mon oncle leur emboîtèrent le pas. Nous les voyions tous parler près de l'eau. Mon père revint seul et se tint debout de l'autre côté du feu et de la vieille femme.

« Nous allons l'emmener chez le prêtre tout de suite, dit-il. Nous avons encore une bonne partie de la journée devant nous et nous pouvons bien avancer.

— Tu sais ce qu'aurait dit ton père ? demanda-t-elle.

— Non, répondit-il. Je n'ai pas entendu sa voix depuis longtemps.

— Il aurait dit que tous les dieux ne sont qu'un.

— Sa mère n'est pas prête à entendre une chose pareille.

— Tu crois ? »

Mon père pinça ses lèvres en se balançant sur la pointe des pieds. Je percevais qu'il luttait avec lui-même.

« *Kaween*. Non. Je ne crois pas, répliqua-t-il. Elle a dit que tu pouvais venir avec nous ou rester.

— Je ne viendrai pas.

— On va être partis un bon moment. Tu peux t'occuper de Saul ? Il vaut mieux qu'il attende ici avec toi.

— Il sera bien avec moi. Il y a de la nourriture. Nous avons des collets et le filet.

— Alors, d'accord.

— D'accord. »

Les adultes remplirent deux canots de sacs de riz. Ils nous laissèrent un petit sac. Ils rassemblèrent leurs vêtements et de la nourriture pour le voyage, et quand ils furent prêts à partir, ils vinrent auprès du feu. À ce moment-là, mes parents me firent l'impression d'être des étrangers. Peut-être était-ce le chagrin dû à la mort de mon frère qui les faisait partir aussi résolument. Parfois je pense que si j'avais hurlé quelque chose tout aurait été différent. Mais je n'avais pas de mots en moi. Je regardai mon oncle et mon père sortir de la tente le corps de mon frère enveloppé dans une couverture, et le transporter jusqu'au canot. Ils le déposèrent au centre, calé sur des sacs de riz. Je me mis à pleurer. Je pleurais plus fort que je ne l'avais jamais fait. Je voulais que tout cela s'arrête, je voulais tous les ramener auprès du feu et entendre la voix pleine de sagesse de ma grand-mère nous raconter des histoires et nous montrer la voie que nous devions suivre tous ensemble. Alors qu'ils conduisaient lentement les canots jusqu'aux bas-fonds, ma grand-mère m'attira à elle et posa une main sur ma tête.

Même maintenant, quand je repense à cette journée, je revois le chatoiement du sillage qu'ils laissèrent derrière eux, le V qu'il dessinait et les lignes divergentes qui léchaient la rive. Je vois encore le dos voûté de mon père en train de pagayer, la forme affalée de ma mère à la proue, faisant onduler l'eau avec sa pagaie. Je revois le canot qui transportait le corps de mon frère au moment où il franchit le cairn de pierre et où il disparut à ma vue pour toujours.

9

Les adultes ne revinrent pas. Quand l'automne commença à virer, je pus dire que la vieille femme s'inquiétait. J'en fus terrifié. Le ciel prit le bleu pâle délavé de la fin octobre. Les oies migraient et ma grand-mère utilisa quelques-unes des cartouches pour en abattre en vol. Nous les plumâmes et les fîmes rôtir sur un feu de bois vert avec les poissons que nous avions pris au filet maillant. Elle me montra comment utiliser la mousse et de fines bandes de terre herbeuse ramassées sous les arbres pour tapisser les bords de notre tente, puis nous capitonnâmes le sol avec encore plus d'épaisseurs de branches d'épicéa pour nous protéger du gel. Quand les nuits devinrent plus froides, la glace apparut à la lisière de l'eau. Je posais des collets dans les bois, mais ils restaient vides. Un matin, nous nous réveillâmes entourés de neige. La vieille femme s'enfonça seule entre les arbres, avec sa pipe et son hochet. Je l'entendais chanter et prier. Je restai assis auprès du feu à l'attendre, l'écho de son lamento funèbre me parvenait depuis la rive opposée, comme si elle était en compagnie d'autres personnes au milieu des arbres. Elle revint, s'assit à côté de moi, et but du thé.

« Nous ne pouvons pas les attendre, dit-elle.

— Qu'allons-nous faire ?

— Il va falloir prendre le canot et descendre la rivière jusqu'à Minaki. Minoose, le fils de mon frère, vit là-bas. Nous pourrons passer tout l'hiver chez lui s'il le faut.

— Où sont partis les adultes ? » demandai-je.

Elle posa sa tasse sur le rondin, sortit sa pipe, la bourra, et resta assise à fumer en regardant le feu.

« Je ne sais pas, finit-elle par dire. J'ai demandé aux Grands-pères et aux Grands-mères de m'accorder une vision, mais ils ne sont plus en contact avec les Anciens à présent.

— Est-ce qu'on va les retrouver ?

— Je ne sais pas, mais ici, nous mourrons. »

10

Keewatin. C'est le nom du vent du nord. Les Anciens lui donnèrent un nom parce qu'ils pensaient qu'il était vivant, un être comme toutes les choses. Keewatin se lève en bordure des terres arides et s'agrippe au monde de ses doigts féroces, nés des entrailles glaciales du pôle Nord. Le monde ralentit progressivement son rythme, de sorte que les ours et toutes les créatures qui hibernent remarquent l'inexorable progression du temps. Or cette année-là, le froid arriva brusquement. Il descendit sur nous comme une gifle : soudaine et vindicative.

Nous chargeâmes le canot avec les restes des oies et des poissons. Nous étions gelés. La vieille femme me fit enfiler des couches de vêtements, et elle nous tailla des châles dans la toile d'une tente. Elle nous avait fait des bottes dans la même toile et nous les fixâmes à nos pieds en entourant nos chevilles avec de la corde. Il neigeait. Les flocons faisaient penser à des comètes tourbillonnant jusqu'à nous depuis l'espace avec un léger vrombissement. Je me rappelle avoir cru les entendre. Nous dûmes donner le meilleur de nous-mêmes pour traverser le lac jusqu'au portage. Le visage de la vieille femme était tendu par l'effort de pagayer face aux morsures de ce vent. Les crêtes des vagues nous giflaient les mains. Mais nous y parvînmes, et quand nous hissâmes le canot à l'abri des arbres, l'absence de vent nous donna l'impression que nous entrions dans une maison.

« Il va d'abord falloir porter les vivres », dit-elle. Elle prit nos châles de toile et les transforma en sacs, de façon à tout y entasser avant de les prendre sur notre dos. La marche le long du ruisseau fut difficile. Le givre recouvrait les rochers et nous glissions souvent. L'air glaçait nos mains qui se resserraient comme des griffes là où nous tenions la corde qui attachait la toile. Nous devions respirer par la bouche à cause des cristaux de glace qui collaient nos narines ensemble. Lorsque nous atteignîmes la berge de la rivière, la vieille femme me prit les mains et les plaça en haut de sa jupe où elle les maintint entre ses cuisses pour les réchauffer. Je n'étais pas mal à l'aise. Je posai mon visage sur son ventre et une fois que nous nous fûmes reposés nous retournâmes au canot. Avec une corde, elle fabriqua un harnais et je marchai devant, tandis qu'elle soulevait la poupe avec un bâton d'aulne. Ainsi, tous les deux, nous suivîmes péniblement le cours de ce ruisseau et nous réussîmes à faire remonter le portage à ce long canot. Cela nous avait très sérieusement mis à l'épreuve. Elle retourna le bateau et nous nous allongeâmes dessous, recouverts de la toile, tandis que la neige sifflait dehors. Quand je m'éveillai, elle avait déjà fait un feu et je sentis l'odeur de la graisse d'oie et du thé fort. Nous mangeâmes sans parler ; ma grand-mère ne quittait pas la rivière des yeux. À cause du froid, l'eau était noire. Nous approchâmes le canot du feu et l'inclinâmes ; elle étendit des branches d'épicéa sur le sol et sur la coque pour construire un appentis, c'est là que nous dormîmes cette première nuit. Nous entendions des loups et le craquement des branches dans les arbres, alors elle m'attira plus près d'elle. Autour de nous le paysage faisait penser à un grand être recroquevillé dans l'obscurité. Au matin, il y avait un bon pouce de neige et nous eûmes du poisson froid et du thé comme petit déjeuner. Puis nous mîmes le canot à l'eau et le poussâmes en direction de l'ouest, là où la rivière tourne vers le sud, pour revenir ensuite vers l'est en direction de la ville ferroviaire de Minaki.

Elle chantait pendant que nous pagayions. Ses chants faisaient penser à des prières. J'espérais que c'était bien le cas. Le froid était intense. Une brume s'était levée sur l'eau et tout était gris à cause du gel. Le seul bruit était celui de la mince couche d'eau qui glissait sur la proue de notre canot. Les bosses des rochers sur le rivage portaient des manteaux blancs. Les arbres, sous le poids de la neige fraîche dans leurs branches, ressemblaient à des soldats épuisés, rentrant à la maison à la fin de la guerre. Le chatoiement de la glace. Quand mes mains étaient trop froides pour pagayer, je les glissais sous mes aisselles pour les réchauffer et la vieille femme continuait à pagayer seule. La neige recommença à tomber vers le milieu de l'après-midi.

Elle tombait droit, en vrille, à pic, le vent mollissait. La neige s'amoncelait dans le creux du bateau. Quand la neige devint si dense qu'on ne pouvait plus rien voir, la vieille femme nous fit accoster entre deux pierres de la taille de wigwams.

Le froid était une bête redoutable. Tandis que j'avançais péniblement, dans la neige jusqu'aux genoux, en quête de bois pour le feu, je la sentais me traquer, cette bête, attendre que l'épuisement m'abatte de façon à pouvoir se repaître de ma chair gelée. Le feu que nous fîmes pour lutter contre le froid était minuscule. Le bois sifflait et j'avais peur que les flammes s'éteignent. Mais la vieille femme, courbée en deux, s'enfonça dans les bois et revint les bras chargés de branches de sapin. Quand elle les jeta dans le feu, il s'embrasa, fit de hautes flammes chaudes et crépita. La neige tombait comme des fragments d'étoiles dans la nuit.

Le troisième jour, nous fûmes à court de nourriture. L'eau était alors trop froide pour que nous puissions l'avaler. Je sentais mes dents craquer quand j'essayais. Ma grand-mère découpa un échantillon de peau de daim dans un de ses mocassins et me dit de le sucer comme une tétine. Il avait un goût de mousse, mais il apportait un peu d'humidité. Dans un méandre, nous tombâmes sur un chevreuil debout sur le rivage. La vieille femme mit son fusil en joue, mais elle tremblait trop pour viser. L'animal souleva son museau et nous observa. Ce soir-là, elle me nourrit d'une soupe de résine d'épicéa et de baies exhumées de la neige, de la mousse et des pierres.

Le quatrième jour, nous nous assoupîmes tous les deux dans le canot. La rivière nous projeta dans une brèche remplie de rochers et ce fut le choc frontal dans l'un d'eux qui nous réveilla. Le ventre du bateau s'ouvrit à l'avant et l'eau s'engouffra à l'intérieur. Nous nous précipitâmes par-dessus bord, dans l'eau jusqu'aux cuisses. Ma grand-mère me saisit par la main et nous fonçâmes vers le rivage. Le contact de l'eau était semblable à celui de lames d'acier glacial. Une fois arrivés sur la berge, nous nous retournâmes et regardâmes le canot exécuter de paresseuses pirouettes dans le courant, puis se faire emporter ; la danse de la fin de nos réserves nous brisa le cœur.

La neige était encore plus profonde maintenant. La vieille femme s'y fraya un chemin, me tirant dans un épais taillis de cèdres. Elle en arracha des branches qu'elle entassa sur la neige et elle m'y fit coucher. Elle ôta son châle de toile de tente, l'étala sur moi et me recouvrit d'encore plus de rameaux de cèdre. Quand je fermai les yeux, le noir était voluptueux, je me tournai vers lui et laissai le sommeil venir. Je me sentais indolent, comme soulevé sur des tourbillons d'air. À la dérive. Dans mon esprit, je voyais les rives du lac Gods telles qu'elles étaient à la fin de l'été. Le ciel était infini, sans nuages, presque au couchant. J'étais dans le canot à une centaine de mètres des berges, emporté par le courant et les ombres de ma famille, de mon peuple, dansaient autour d'un feu. Il y avait aussi des chants et le son d'un tambour, et la vague sensation d'un rire dans les arbres. Je ne pesais rien, je n'avais pas d'os et j'étais très, très fatigué. La vieille femme me gifla pour me réveiller.

« Les dieux dans les arbres », dis-je, rêveur. Ma voix semblait venir de très loin.

Elle me gifla de nouveau et je revins à moi sous l'impulsion vivifiante du gel. Elle avait découpé une grande plaque de terre et l'avait roulée jusque-là. Ensemble, nous ramassâmes des branches pour faire une structure en forme de dôme au-dessus des rameaux disposés sur la neige, puis nous la recouvrîmes des restes de cèdre et de carrés de terre. Ce n'était pas bien grand, mais il y avait assez d'espace pour que nous puissions nous glisser à l'intérieur et tirer les châles de toile de tente sur nous. La température de nos corps nous maintint au chaud.

Cette nuit-là, je m'assoupis au son de la voix de ma grand-mère. Elle me racontait des histoires du Peuple des Étoiles qui était venu auprès du nôtre dans les Temps anciens pour nous transmettre des enseignements, les secrets du cosmos et les fondements de notre culture spirituelle. Quand je m'éveillai en pleine nuit, elle était toujours en train de parler, mais sa voix était plus faible. Cette histoire d'autrefois me replongea dans le sommeil. Quand vint le matin, elle avait l'air fatiguée. Épuisée. Nous avions faim. Nous grelottions dans la neige. Elle suivit la berge de la rivière des yeux.

« Ton arrière-grand-père avait tracé une piste qui traversait la forêt depuis ces rapides jusqu'à la voie de chemin de fer au sud d'ici, dit-elle. La vois-tu ? »

Je plissai les yeux en regardant l'impénétrable mur d'arbres. Rien n'indiquait une piste. Mais je fermai les yeux. J'entendais le sifflement de la rivière dans sa course entre les rochers. J'inspirai à pleins poumons et relevai la tête. Je sentis des flocons tomber sur mon visage rejeté en arrière.

« Saul », entendis-je dans les arbres.

Lorsque j'ouvris les yeux, j'aperçus un léger renflement dans la neige. Il décrivait un arc vers le sud en direction d'une ouverture dans les arbres, si infime qu'elle en était presque invisible. « Là », dis-je.

Dans la neige jusqu'aux genoux, nous progressions péniblement pour contourner les marécages qui se déversaient dans la rivière. Les toits des huttes des castors se voyaient de loin entre les roseaux. Nous marchâmes toute cette matinée. Ma grand-mère s'arrêtait de temps à autre pour s'appuyer contre un arbre et reprendre son souffle. Je voyais combien elle était vieille. Sa peau paraissait collée sur ses os, si proche du cuir dans ces grands froids qu'on aurait dit qu'elle allait se casser en morceaux.

« En haut de la prochaine crête, dis-je en montrant du doigt. Il y a une longue trouée qui suit un étang de castors. La voie ferrée est de l'autre côté.

— Tu la vois ? demanda-t-elle.

— Oui », répondis-je, et elle s'accrocha à mon bras.

Le soleil était en plein milieu du ciel quand nous foulâmes la crête. Ma grand-mère m'attira à elle et me couvrit avec son châle de toile. Mes pieds étaient des blocs de glace. La corde qui tenait mes bottes de toile s'était cassée, alors elle prit celle qui attachaient les siennes et renoua mes bottes autour de mes chevilles. Puis elle creusa la neige en quête de touffes de mousse pour les attacher autour de mes mains en guise de moufles.

« Et toi ? demandai-je.

— Mon cran me tient chaud, répondit-elle. Il ne faut pas nous arrêter. »

Près d'une heure plus tard, nous arrivions à la voie ferrée. À ce moment-là, le vent avait tourné et pris de la force. Il nous envoyait en plein visage de la neige, soufflée entre les traverses de chemin de fer. Soulever mes jambes pour passer ces traverses était pénible et je finis par tomber et rester immobile, trop fatigué pour me relever. Je sentis qu'elle me soulevait. Mes yeux étaient lourds et ma peau brûlait. Je la sentis trébucher pendant qu'elle me portait et j'entendais sa respiration rendue sifflante par l'effort. Je ne sais pas combien de temps nous marchâmes ainsi. Au bout d'un moment, ses pas se raccourcirent et elle tituba. Puis, elle aussi tomba. Quand j'ouvris les yeux, je distinguai des lames de bois peint derrière elle. Nous étions sur le quai de la gare de Minaki. Nous étions encerclés de bourrasques de neige et d'une étendue blanche où les rails partaient vers le Manitoba à l'ouest et s'enfonçaient dans le cœur glacé de la forêt à l'est.

« On va se reposer une minute, fit-elle, à bout de souffle. Après on cherchera Minoose. »

J'enfouis ma tête contre sa poitrine. Elle me soutenait et nous restâmes ainsi à grelotter dans l'obscurité. Je la sentais trembler. Enveloppé dans la toile déchirée d'une vieille tente, j'étais blotti dans les bras d'une vieille femme et je sentais le froid la geler sur place. Je compris qu'elle m'avait quitté et je restai là à pleurer contre sa cage thoracique vide.

Au bout d'un moment, j'entendis des cris et des bruits de pas. Le vent me mordit le visage quand le châle de toile fut tiré.

« Seigneur, il y a un enfant ici. »

Quelqu'un me souleva et je sentis les bras de la vieille femme retomber. Je me penchai vers elle, criant dans un mélange d'ojibwé et d'anglais. Elle resta affalée dans un coin, les cheveux couverts de neige. Elle avait les mains repliées comme si elle était toujours agrippée à moi. Je voulais la remettre sur ses pieds afin que nous puissions continuer à marcher. Mais au lieu de cela on m'emmena. Une portière de voiture s'ouvrit, je fus soulevé à l'intérieur, installé sur un siège et recouvert d'une couverture. La chaleur et l'épuisement m'entraînèrent dans un courant chaud et rouge.

Si notre canot n'avait pas heurté ce rocher, nous aurions pu arriver à Minaki. Nous aurions pu trouver Minoose et nous abriter chez lui, et ma grand-mère aurait trouvé un moyen de me garder avec elle. Au lieu de cela, elle avait disparu. Morte de froid pour me sauver, et moi, je partais à la dérive sur une étrange nouvelle rivière.

11

Ils m'emmenèrent dans un pensionnat, le St. Jerome's Indian Residential School. Une fois, j'avais lu qu'il y avait dans l'univers des trous qui avalaient toute la lumière, tous les corps. St. Jerome's vola toute la lumière de mon monde. Tout ce que je connaissais s'évanouit derrière moi avec un bruissement audible, comme celui de l'orignal quand il disparaît au milieu des épicéas. Nous avions fait deux jours de route pour y aller. Deux religieuses et trois enfants entassés à l'arrière d'une vieille Chevrolet déglinguée. Une petite fille qui pleura pendant presque tout le trajet et un autre garçon. Le voyage se déroula presque sans une parole, nous allions à tour de rôle à la fenêtre pour regarder le paysage défiler. Il paraissait infini. Chaque tournant sur cette route, chaque sommet de colline, même les arbres se découpant sur le ciel nocturne me tinrent sous le charme. Je ne dormis quasiment pas.

Le ciel, son contact sur mon visage me manquaient.

L'école était un bâtiment de briques de quatre étages, surmonté d'une coupole ayant pour seul ornement une grande croix blanche. Il n'y avait pas un seul arbre autour, rien que quelques buissons bas.

Une roue de chariot était appuyée sur un rocher à côté d'un grand panneau en bois sur lequel était inscrit *St. Jerome's Indian Residential School*. Une allée de gravelle serpentait en direction des larges marches de béton de l'entrée principale, entourée de balustrades chaulées, conduisant à une porte à double battant en verre dépoli. Deux ailes du bâtiment se prolongeaient vers l'arrière. Plus loin au fond, il y avait des remises, des granges et des champs ponctués des débris des sillons, dépassant de la fine couche de neige. La propriété tout entière se trouvait dans une clairière au sommet d'une crête bordée de bois.

À l'intérieur, l'odeur de Javel et de désinfectant était si forte que j'avais l'impression que la peau pelait à l'intérieur de mon nez. Les sols, en parquet de bois de feuillus, étaient jaunis par des décennies de lavage et de récurage. Les murs étaient d'un vert blafard. À chaque palier, il y avait des portes de verre dépoli, de sorte que la lumière était pâle et donnait une impression de froideur, même si les radiateurs renvoyaient la chaleur par vagues. Le lino des escaliers était craquelé par endroits, mais il avait un éclat terne à force d'être récuré.

Le quatrième étage était une grande pièce avec des fenêtres sur tous les côtés. Entre elles se trouvait une mer de lits de camp, tous repliés et disposés exactement de la même façon. Discipline militaire, même si je n'appris l'expression que bien plus tard.

L'autre garçon et moi fûmes conduits au fond de ce dortoir par un prêtre bourru qui nous ordonna de nous déshabiller et de monter dans des baignoires d'eau presque brûlante. Une minute plus tard, le prêtre nous fit mettre debout et nous jeta des poignées de poudre contre les poux sur tout le corps. Elle me piquait le coin des yeux quand il nous fit rasseoir dans les baignoires pour tout rincer. Puis deux religieuses nous récurèrent avec des brosses aux poils durs. Le savon était agressif. Elles nous mirent presque la peau à vif. On avait l'impression qu'elles essayaient d'enlever plus que de la crasse ou des odeurs. On aurait dit qu'elles essayaient de nous enlever la peau. Quand ce fut terminé, elles nous tendirent nos vêtements et nous regardèrent nous habiller. Le pantalon de laine me grattait la peau. Il avait une taille de trop et il fallait que je le maintienne à l'aide d'une ceinture bien sanglée. La chemise était raide et blanche. Les chaussures à lacets étaient en cuir fin et elles avaient des semelles souples et glissantes. Elles nous donnaient une démarche bizarre. Ensuite, nous restâmes assis sur des chaises, des serviettes sur les épaules, pendant que les religieuses, à l'aide de tondeuses électriques, nous rasaient les cheveux pour ne laisser qu'une brosse courte. Je regardai mes longs cheveux raides atterrir sur le sol, et quand je me tournai vers l'autre garçon, il pleurait. D'énormes larmes silencieuses.

De retour au rez-de-chaussée, on nous fit rester debout devant un bureau dans une pièce dont les fenêtres donnaient sur les champs. Nous attendîmes longtemps. Puis la porte s'ouvrit et un prêtre, accompagné d'une corpulente religieuse au visage rubicond, entra.

« Je suis le Père Quinney et voici Sœur Ignacia, dit le prêtre. Voici votre école. Disons, plus justement, l'école du Seigneur, mais il nous en a confié la charge.

— Saul ? dit Sœur Ignacia. C'est un beau nom biblique. Inutile de le changer, mais nous allons devoir faire quelque chose à propos de Lonnie Rabbit. Il me semble qu'Aaron conviendrait mieux.

À partir de maintenant, tu t'appelles Aaron Rabbit. Tu comprends ?

— Mais Lonnie c'est le nom de mon papa, dit le garçon.

— Bon, désormais, c'est le Seigneur Dieu ton père et il veut que tu t'appelles Aaron.

— Mais j'ai un père. »

Sœur Ignacia se dégagea du bureau pour venir juste devant Lonnie qui avait les yeux rivés sur le sol.

« Ton père est le Père céleste. Tu apprendras cela ici. Ton père humain n'a plus rien à t'offrir.

— Il est trappeur.

— Il est païen.

— Il est ojibwé.

— Il n'est pas baptisé et son esprit est impur. Quand tu prononces le mot *père* dans cette école, c'est à ton Père céleste que tu fais référence.

— Je ne veux pas d'autre père.

— Tu n'as pas le choix.

— Je m'enfuirai. »

La Sœur sourit. Ce sourire était effrayant parce qu'il n'y avait pas de rire dans ses yeux. Ils étaient d'un bleu pâle et froid, comme ceux d'un husky, et quand elle tendit le bras derrière elle et fit apparaître une férule de cuir, elle fit preuve d'un calme terrifiant. La férule était contondante, large et percée de trous dans sa surface. Elle la berçait dans ses paumes et d'un geste rapide, elle fit pivoter Lonnie par le col et le força à s'agenouiller. Il hurla quand la férule lui frappa le dos. La religieuse le remit sur ses pieds d'un coup sec comme s'il était une poupée de chiffon, et le frappa à plusieurs reprises derrière les genoux et sur l'arrière des cuisses. Le bruit était celui d'un cuir qu'on fouette. Lonnie se tortillait et se débattait, mais il avait un cran incroyable. Elle continua de le battre jusqu'à ce qu'il s'effondre. Le Père Quinney était debout, les mains derrière le dos à observer.

« C'est à l'obéissance qu'on mesure votre mérite. » Elle fit pivoter Lonnie face à elle. « Ici, tu vas apprendre à être méritant. Tu m'entends ?

— Oui, dit Lonnie.

— Oui, ma Sœur.

— Oui, ma Sœur.

— En voilà un gentil garçon. »

Elle tendit le bras pour poser la main sur son visage. Il hésita. Elle sourit de nouveau avec cette même horrible absence de sentiments. « À St. Jerome's, nous nous efforçons de débarrasser nos enfants de ce qu'ils ont d'indien afin que leurs comportements témoignent des bénédictions du Seigneur.

— De l'application, mes garçons. Du bon travail honnête et des études sérieuses. C'est ce que vous allez faire ici. C'est ce qui va vous préparer au monde », ajouta le Père Quinney.

Sœur Ignacia nous prit l'un et l'autre par une main et, après un ferme hochement de tête adressé au prêtre, elle nous fit sortir de la pièce et nous conduisit à l'école. Ses mains semblables à de l'écorce de bouleau desséchée. Son visage imperturbable portait la légère trace d'un sourire aux commissures des lèvres. La béatitude. C'est un autre mot que j'appris bien plus tard. Pendant que la sœur nous faisait visiter l'école en ce premier jour, elle avait un air de sainteté sur le visage. Le sifflement du cuir flottait encore dans l'air. C'était une femme corpulente, grande, et je n'avais jamais connu pareille frayeur.

En ce qui me parut n'être qu'un instant, le monde que j'avais connu fut remplacé par un menaçant nuage noir.

12

À St. Jerm's, les enfants m'appelaient « Zhaunagush » parce que je savais parler et lire l'anglais. La plupart d'entre eux avaient été arrachés au Grand Nord et ne connaissaient que l'ojibwé. Parler un seul mot dans cette langue pouvait vous valoir une raclée ou le bannissement dans le débarras du sous-sol, que les grands avaient baptisé la Sœur de Fer. Il n'y avait aucune tolérance envers les langues indiennes. Le jour suivant mon arrivée, un garçon du nom de Curtis White Fox se fit laver la bouche au savon à la soude parce qu'il avait parlé ojibwé. Il s'était étouffé et était mort là, dans la classe. Il avait dix ans. Alors les enfants se mirent à chuchoter. Ils apprirent à parler sans bouger les lèvres, étrange ventriloquisme qui leur permettait de maintenir leur langue en vie. Ils baissaient leurs têtes tout près les uns des autres quand ils lavaient les salles communes à grande eau ou qu'ils nettoyaient les stalles dans les granges, et parlaient ojibwé. Je finis par apprendre ce ventriloquisme, mais au début, ils me voyaient comme un étranger.

Je m'en fichais. C'est à l'intérieur que j'avais mal. M'enlever à la forêt et à mon peuple, c'était comme m'avoir déchiré la chair du ventre. Chaque fois que je bougeais ou qu'on m'obligeait à parler, il rugissait son inconcevable douleur. C'est ainsi que j'en vins à m'isoler. Je n'étais pas un garçon de taille imposante, je pouvais donc disparaître aisément. Je compris que je pouvais aspirer en moi les limites de mon être physique, réduire l'espace que j'occupais pour devenir un grain, une poussière, un atome indifférent sur sa propre orbite. Peut-être était-ce la blessure elle-même qui m'offrait cette curieuse grâce. Peut-être était-ce le souvenir des bras gelés de ma grand-mère autour de moi ou cette dernière vision de mes parents disparaissant sur le portage au lac Gods. Je ne sais pas. Mais dans ma chrysalide de silence, je me tournai vers les livres et la langue zhaunagush, y trouvant un chemin au-delà de l'odeur astringente de l'école. Les religieuses et les prêtres me considéraient comme un élève studieux et m'encourageaient à m'enfoncer encore plus dans mon exil volontaire. C'était facile.

Impossible d'être un enfant sous un tel régime. Il n'y avait aucune place pour laisser libre cours à la moindre forme de créativité. À défaut, pour survivre, nous imitions la promenade des religieuses dans le cloître, une marche silencieuse depuis la prière jusqu'à la chapelle et au travail physique.

Arden Little Light était un Oji-Cri maigrichon, qui boitait beaucoup parce qu'un piège s'était refermé sur sa cheville. Sa famille habitait tellement loin dans la forêt qu'ils ne purent l'emmener à l'hôpital. Si bien que la cassure de son os s'était réparée n'importe comment et qu'elle avait calcifié, laissant un bourrelet sous la peau comparable aux bosses sur le dos d'un esturgeon. Il avait toujours le nez qui coulait et il l'essuyait sur ses manches de chemise. Les sœurs avaient essayé de lui faire utiliser un mouchoir, mais c'était un enfant de la forêt et il n'arrivait pas à se défaire de son habitude. Elles lui attachèrent les mains derrière le dos. Il était assis en classe, la morve dégoulinant sur le visage. Quand il pleurait et faisait une flaque visqueuse par terre, elles l'obligeaient à se lever, le fouettaient et le rasseyaient après avoir frotté son nez avec un chiffon de toile rêche. Quand nous baissions la tête sur nos livres nous l'entendions renifler, essayant désespérément de ravaler sa morve. Mais c'était une maladie et il n'y avait pas de remède. Elles commencèrent à le laisser debout sur le devant de la chapelle, de la classe, du réfectoire, les mains attachées derrière lui, nous faisant constater les traces de morve fraîche qui s'écoulaient sur son visage et son cou pour entrer dans son col de chemise. Il avait six ans. Il venait d'un peuple qui avait réussi à survivre dans la forêt en devenant chasseur, trappeur, pêcheur. Cette façon d'être était directement liée au pouvoir que ces gens ressentaient tout autour d'eux, et il était né là-dedans, il l'avait appris comme on apprend à marcher. Les religieuses le retrouvèrent pendu à une poutre de la grange par une froide matinée de février. Il s'était lui-même attaché les mains derrière le dos avec des bouts de corde avant de sauter. Elles l'enterrèrent dans le cimetière qui montait en bordure de la forêt. Le carré des Indiens. C'était le nom que les enfants lui avaient donné. Des rangées et des rangées de tombes sans noms. Des rangées et des rangées d'indentations de quatre ou cinq pieds comme si un doigt descendu des cieux les avait tracées. Des creux dans la terre. Des trous dans lesquels ils tombaient.

Sheila Jack. Ils l'avaient amenée de très loin, depuis Wikwemikong, sur l'île Manitoulin. Elle avait douze ans. Selon les anciennes coutumes de son peuple, elle avait été élevée par sa grand-mère qui lui avait appris les protocoles traditionnels de sa médecine. Sa grand-mère était chamane et Sheila prendrait un jour sa place. Quand elle arriva à St. Jerm's, elle impressionna les enfants. Elle entra dans l'école tranquille, humble, presque majestueuse. Ça nous rasséréna. Nous n'avions jamais vu quelqu'un d'aussi posé, aussi sûr de soi, aussi paisible. Quelque chose dans son allure nous rappelait d'où nous venions. Nous l'entourions comme des complices et ça mettait les religieuses en rage. Elles pensaient que Sheila se moquait d'elles et elles entreprirent de la mater. Elles l'obligèrent à mémoriser le catéchisme et à le réciter devant la classe sans interruption. Si elle faisait une erreur, elles la frappaient avec une règle, une ceinture, une main et l'obligeaient à recommencer. Elle récitait pendant les repas, pendant qu'elle travaillait, pendant qu'elle marchait. Elle n'avait pas le droit de nous parler. Sa voix était condamnée à la répétition des textes. Elles la réveillaient quand elle était dans un profond sommeil et la forçaient à rester debout dans le dortoir et à réciter. Quand elle se mit à parler toute seule, nous pensâmes qu'elle était encore en train de faire la même chose. Puis nous commençâmes à remarquer que ses paroles n'avaient aucun sens. Elle suivait les couloirs de St. Jerm's en marmonnant des choses incompréhensibles, puis elle était prise d'un grand éclat de rire, se donnait des gifles cuisantes sur le visage avant de reprendre ses marmonnements, le visage vide. Elle perdit ce charme posé qu'elle avait en arrivant. Ses yeux devinrent hagards. Finalement, elle partit dans la forêt. Les religieuses la retrouvèrent trois jours plus tard, dans un marais jusqu'aux genoux, en train de réciter, de ricaner et de réciter de nouveau. C'est toujours ce qu'elle était en train de faire quand la voiture vint la chercher pour la conduire à l'asile de fous.

Shane Big Canoe. Ils l'amenèrent à St. Jerm's ficelé par des cordes. Quand ils le détachèrent, il s'empressa de s'enfuir. Je me souviens que j'étais le long de la rampe d'escalier avec une dizaine d'autres enfants quand ils l'ont ramené. Deux solides gaillards de la ville l'avaient poussé de force dans le bureau du Père Quinney. Nous entendîmes des gifles, des coups de poing sur la chair, des bruits de lutte et de meubles cassés. Puis le silence. Quand ils repassèrent avec lui devant nous, la tête de Shane pendait et il ne se débattait plus. Il avançait péniblement, comme un vieil homme soutenu par les épaules. Ils le conduisirent au sous-sol et l'enfermèrent dans la Sœur de Fer pendant dix jours. Ça s'appelait la Contrition.

« J'aimerais pas être à sa place, murmura l'un des enfants.

— Personne ne revient de là-bas comme avant. Jamais, dit un autre.

— Perry Whiteduck disait que c'était le coin le plus éloigné et le plus sombre et que les rats venaient la nuit pour essayer de t'attaquer.

— C'en est fini de lui. Non ? demanda une fille.

— Ouais. Il est dans le carré des Indiens.

— Il n'est pas revenu de sa deuxième expédition là-bas.

— Il disait qu'il y faisait si froid que tu y respirais du brouillard givré. »

Shane Big Canoe avait treize ans. Sa famille était des Métis du Saskatchewan et il était à huit cents miles de chez lui. Quand il sortit, ses yeux n'avaient plus rien de vindicatif. Il tenait ses grandes mains décharnées avec leurs grosses jointures devant lui, et il les tordait. Il gardait la tête baissée et fixait ses chaussures. Ils le retrouvaient parfois la nuit dans le dortoir, blotti tout contre la porte, là où un rai de lumière passait par la fente. C'était le seul endroit où il pouvait dormir. Tout près de ce mince éclat lumineux, avec cette lueur sur le visage.

St. Jerm's nous décapait, laissant des trous dans nos êtres. Je ne parvins jamais à comprendre comment le dieu qui, d'après eux, nous protégeait, pouvait ainsi détourner la tête et ignorer pareilles cruauté et souffrance.

13

Par un après-midi, au cours d'une exceptionnelle période sans surveillance, nous fûmes une dizaine à nous échapper jusqu'en bas du coteau sur lequel l'école était bâtie. Un petit ruisseau y coulait, décrivant un méandre au sortir d'un lac en forme d'encrier, pour se jeter dans un autre plus grand. Le ruisseau était étroit, peut-être un mètre de large, et peu profond. C'était un ruisseau à meuniers. Les poissons le remontaient pour aller pondre dans les eaux plus profondes et nous y étions allés avec de grands sacs de jute que nous avions pris dans les granges. Nous apercevions les poissons en train de lutter contre le courant. C'était excitant. Tant de vie, tant de désespoir, tant d'énergie. Nous restâmes longtemps à regarder. Puis certains d'entre nous coupèrent de jeunes arbres et les courbèrent autour du rebord intérieur de ces sacs. Nous abaissâmes les sacs dans l'eau et les sortîmes tout dégoulinants et remplis de poissons. Nous observions les éclats argent et bruns qu'ils faisaient en tombant sur la berge, leurs bouches plissées s'agitant comme celles des grosses tantes pour faire des baisers humides, leurs queues battant et giflant le sol. Nous les remîmes à l'eau et tirâmes un autre sac.

Nous le fîmes quatre fois. La quatrième, nous étions debout, tranquilles, chacun perdu dans ses pensées, pendant que les poissons se débattaient pour respirer, pour leur vie, pour leur liberté. Quand nous finîmes par nous pencher pour prendre les poissons dans nos mains afin de les remettre à l'eau, nous étions presque tous en pleurs. Nous partîmes tous ensemble et nous entreprîmes la longue marche pour remonter le coteau jusqu'à l'école. Nous marchions les mains autour du nez pour sentir l'odeur de ces poissons, pour déposer leur substance gluante sur nos visages. Nous n'avions pas de couteaux pour les nettoyer, les dépecer. Nous n'avions pas de feu pour les fumer. Nous n'avions pas d'endroit où les stocker, pas de moyen de les conserver. Nous étions étendus dans l'herbe, le souffle court, c'est nous qui luttions pour respirer. Nous étions des enfants indiens et la seule chose que nous avions, c'était l'odeur de ces poissons sur nos mains. Nous nous endormîmes ce soir-là les nez collés à nos mains, et au fil des jours, l'odeur de ces meuniers s'effaça ; il n'y eut pas un seul d'entre nous qui ne pleurât la perte de ce que nous avions connu autrefois. Quand nous pleurâmes tous dans la chapelle, les religieuses sourirent, convaincues que leur dieu nous avait touchés. Mais nous sortîmes tous de là, les mains sur le visage. Inspirant et inspirant encore.

14

À St. Jerome's, j'ai vu des enfants mourir de tuberculose, de grippe, de pneumonie et de cœur brisé. J'ai vu des jeunes garçons et des jeunes filles mourir debout sur leurs deux pieds. J'ai vu des fugitifs qu'on ramenait, raides comme des planches à cause du gel. J'ai vu des corps pendus à de fines cordes fixées aux poutres. J'ai vu des poignets entaillés et les cataractes de sang sur le sol de la salle de bains, et une fois, un jeune garçon empalé sur les dents d'une fourche qu'il s'était enfoncée dans le corps. J'ai observé une fille remplir de pierres les poches de son tablier et traverser le champ en toute sérénité. Elle est allée jusqu'au ruisseau, s'est assise au fond et s'est noyée. Ça ne cesserait jamais, ça ne changerait jamais, tant qu'ils continueraient à enlever des jeunes Indiens à la forêt et aux bras de leur peuple. Alors je me suis réfugié en moi-même. C'est ainsi que j'ai survécu. Seul. Quand les larmes menaçaient de jaillir de moi la nuit, je faisais le serment qu'ils ne me verraient jamais pleurer. Je souffrais dans la solitude. Ce que je leur laissais voir, c'était un garçon calme, renfermé, dépourvu de sentiments.

15

Le Père Gaston Leboutilier arriva à St. Jerome's la même année que moi. C'était un jeune prêtre avec un sens de l'humour qui mettait en rage les autres prêtres et les religieuses, une gentillesse et un sens de l'aventure qui attiraient les garçons vers lui. Il organisa des randonnées au printemps et en été. Il nous emmena camper pendant plusieurs jours d'affilée et, quand l'hiver arriva, il nous apporta le hockey. Il réussit à convaincre le Père Quinney de le laisser construire une patinoire, équiper les plus grands et mettre sur pied une équipe. Après cela, les choses changèrent à St. Jerome's, une saison par an, au moins.

« As-tu déjà entendu parler du hockey ? » Ce fut la première chose qu'il me dit. J'étais assis sur les marches derrière la cuisine pendant que les autres enfants jouaient dans la neige fraîche.

« Non. C'est quoi ? demandai-je.

— C'est un sport, répondit-il. Peut-être le meilleur des jeux d'équipe. On y joue sur la glace avec des patins et c'est très rapide, très excitant.

— Est-ce qu'il y a des livres dessus ?

— Beaucoup de livres. J'en ai quelques-uns que je pourrais te prêter. Si ce que tu lis te plaît, tu auras peut-être envie de venir voir. Nous avons construit une patinoire et elle est presque terminée.

— Je n'aime pas trop les jeux d'équipe. »

Il tendit le bras pour me passer la main dans les cheveux.

« Tellement sérieux, dit-il. Il faut qu'on te fasse sortir pour regarder. Je te garantis que ça va te plaire. »

Il me sourit et je lui souris en retour.

Le Père Leboutilier m'apporta des livres sur le hockey et répondit à toutes mes questions. Sa passion pour ce sport était contagieuse. Je lus des choses sur des héros comme Dit Clapper, Turk Broda, « Chat noir » Gagnon, « Sudden Death » Mel Hill et « Ulcers » McCool. Puis il y avait les dieux du hockey plus contemporains comme Béliveau, Mahovlich et Rocket Richard. En lisant ces pages, j'eus l'impression qu'il y avait dans le hockey une alchimie qui pouvait transformer les hommes ordinaires en grands hommes. Je n'oublierai jamais la première fois où je regardai les grands jouer. La splendeur blanche de la patinoire. Le soleil brillait et le ciel était bleu pâle. Il n'y avait pas une once de vent. L'air était froid et cristallin alors que les garçons se propulsaient autour de cet ovale pour se réchauffer, leur souffle couronnant leurs têtes. Ça me rappelait une locomotive, un train à vapeur qui se prépare à quitter la gare.

Le match débuta par une course folle. Les garçons des réserves et des forêts firent soudain des virages et des demi-tours déments pendant qu'ils se renvoyaient le palet d'un côté à l'autre et seul le coup de sifflet du Père Leboutilier ramena les choses à un calme momentané. Les joueurs s'appuyaient sur leurs crosses, avec dans les yeux des miroitements de charbon sous le soleil. L'excitation dans l'air était si dense qu'on en sentait l'odeur. Quand le prêtre les lâcha pour le match d'entraînement, ils s'abandonnèrent avec la fougue de mustangs. Pas une seule fois je ne regardai le palet. Mes yeux étaient rivés sur les garçons, sur leur pure énergie tandis qu'ils fendaient l'air comme des comètes. Le Père Leboutilier patinait nonchalamment le long de la bande, donnant des indications avec ses lourds gants de hockey ou la palette de sa crosse. Quand il patina dans ma direction, en se frottant le nez avec le pouce usé d'un gant, ses yeux étaient embrasés.

« Ce sport suit un ordre établi, Saul, même si ça ne paraît pas encore tout à fait évident. Il y a un véritable rythme derrière toute cette pagaille. Quand ils comprendront les règles, tu commenceras à y voir quelque chose, dit-il.

— Je le vois déjà, dis-je.

— Ah oui ?

— Les lignes. Elles créent l'espace. L'espace dans lequel tu dois te déplacer pour que ça marche.

— Tu vois ça ?

— Oui. »

Et c'était vrai. Je ne peux pas dire comment ça m'est venu, mais je voyais non seulement les propriétés physiques du jeu et l'action, mais aussi l'intention. Si un joueur pouvait contrôler une partie de l'espace, il pouvait contrôler le jeu. Les garçons faisaient des écarts et rasaient la glace, inconscients de tout ce qui les entourait à l'exception de la rondelle en caoutchouc qui glissait entre leurs crosses. Mais je voyais comment un joueur pouvait se déplacer, où il pouvait aller pour avoir l'avantage, comment il pouvait pousser le palet sur la glace afin de le loger dans le nid de ficelle qui tenait lieu de but.

On raconte des histoires de maîtres dans notre peuple qui pouvaient déterminer où se trouvaient un certain orignal, un ours, l'heure précise où les poissons feraient leurs montaisons. Mon arrière-grand-père, Shabogeesick, l'Indian Horse original, avait ce don. Le monde lui parlait. Il lui disait où regarder. Le don de Shabogeesick m'avait été transmis. Il n'y a pas d'autre explication qui permette de comprendre pourquoi je vis aussitôt ce sport étranger si clairement.

Le Père Leboutilier invita un petit groupe de garçons dans ses quartiers, où il avait une télévision. Très peu en avait vu une et nous étions médusés. C'était une boîte pleine d'apparitions, mais une fois que le match eut commencé, nous fûmes trop absorbés pour voir quoi que ce soit d'autre. *La Soirée du hockey* était de la magie personnifiée. Dix hommes fonçant à une vitesse prodigieuse dans un périmètre délimité. Coupes, changements, arrêts brutaux et mauvaises directions. Coups, heurts, détermination, concentration, puis le vaste ballet sur la glace, l'action se rapprochant d'un point où il n'y avait plus que la crosse, le palet, les jambières, le filet, la lumière rouge et la sirène de la fin de partie qui faisaient exploser de joie des milliers de personnes. Ça me transporta.

Après cela, je suppliai de jouer. Je suppliai qu'on m'apprenne à patiner. Mais le Père Quinney n'autorisait que les grands à jouer. J'avais huit ans et j'étais petit. Je ne cessai de demander et, pour finir, le Père Leboutilier posa sa main entre mes omoplates et se pencha pour me parler. Sa main chaude me fit penser au contact de ma grand-mère.

« Je ne peux rien faire, Saul, dit-il doucement. Le règlement c'est le règlement. Si je devais ne pas le respecter pour toi, ça pourrait empêcher tout le monde de jouer.

— Mais je veux apprendre. »

Il sourit et m'attira à lui pour me prendre dans ses bras. Je fermai les yeux et je pleurai presque en souvenir de mon père. Il me tint ainsi un bon moment, puis me libéra.

« Est-ce que je peux m'occuper de la glace, alors ?

— Tu veux pelleter la neige ?

— Oui. N'importe quoi. »

Il regarda la course des garçons sur la glace.

« Tant que tu continues à bien étudier et que tu fais bien tes corvées, je crois que je peux arranger cela. »

16

Le nettoyage de la patinoire devint ma tâche assignée et je me levais bien avant tout le monde dans l'école pour l'accomplir. Avant les religieuses, avant les prêtres, avant que les cuisiniers n'arrivent à la cuisine pour commencer la préparation de la bouillie d'avoine et du pain grillé qui constituaient notre petit déjeuner quotidien. Je n'avais pas besoin de réveil. Je me réveillais tout seul, je m'habillais avec soin dans la pénombre et j'allais au rez-de-chaussée en chaussettes, puis jusqu'à la porte de derrière ; c'est là que je rangeais mes bottes de caoutchouc. J'enfilais une paire supplémentaire de chaussettes de laine, que le Père Leboutilier m'avait trouvées, je mettais à grand-peine mon manteau d'hiver, mon écharpe, mes moufles, et je sortais par l'escalier de derrière. La rigueur de ces matins me saisissait toujours au niveau des poumons. L'air était si froid et si pur qu'il était difficile de respirer. Mais je prenais une ou deux inspirations et je tapais des pieds pour activer le sang, puis je contournais lentement l'école et passais derrière la grange où se trouvait la patinoire. C'était un monde violacé où seules quelques variations de lumière lunaire me permettaient de voir clair.

Je prenais ma pelle là où je l'avais planquée dans la neige et je m'y attaquais. Je commençais d'un côté et je poussais la neige jusqu'au pied de la bande qui donnait sur le terrain. Une fois que la patinoire était dégagée, je me frayais un chemin le long de la bande, en rejetant les tas de neige par-dessus. J'aimais la sensation de mon souffle haletant et les nuages de brume qui tourbillonnaient autour de ma tête. J'étais en sueur. Quand j'avais terminé, je m'appuyais contre la bande et j'examinais mon ouvrage : la plaque de glace lisse et grise à la faible lumière matinale, l'idée que ce sport était suspendu au gel. J'étais dehors sur cette patinoire tous les matins, même quand la neige tombait plus vite que je ne pouvais la dégager à la pelle.

Au début, je fus simplement reconnaissant d'avoir cette proximité avec ce sport. Mais ensuite, je commençai à planquer une crosse dans la neige à côté de la bande. Après avoir vérifié qu'il n'y avait personne, je la dégageais et je courais à la grange chercher une bonne poignée de crottin gelé que j'avais enterré près de la porte. Je rapportais les crottins à la patinoire et je les déposais à une extrémité. Puis je prenais la crosse et je dégageais un crottin du tas, et je m'entraînais en le poussant d'un côté et de l'autre, en maniant la crosse comme j'avais vu les joueurs faire dans l'émission *La Soirée du hockey*.

Je déplaçais le crottin avec précaution de façon à ne pas le briser. Je voulais acquérir un toucher délicat, une habileté comparable à celle de Jean Béliveau, remontant la glace avec la rondelle au contact de la palette de sa crosse comme si elle y était fixée par une ficelle invisible. Je m'assurais que ma crosse ne faisait aucun bruit sur la glace, de crainte que quelqu'un ne me découvre là. Quand le premier crottin finissait par se réduire en morceaux, j'en prenais un autre et je marchais de nouveau sur la glace avec le crottin de rechange. Je bougeais mes pieds comme si je patinais, déplaçant le crottin d'un côté à l'autre, faisant des mouvements de plus en plus larges. Je m'arrangeais pour pouvoir le glisser entre mes pieds quand j'arrivais au bout de la glace, tourner autour, le retenir au milieu de la palette et recommencer en sens inverse. Quand tous les crottins étaient réduits en morceaux, j'en jetais les fragments par-dessus la bande grâce à un tir du poignet comme j'avais vu faire Dave Balon, des New York Rangers. Puis je planquais ma crosse dans la neige, je pelletais toutes les traces de mon entraînement et je retournais au bâtiment principal pour le petit déjeuner et pour les cours.

Le soir, dans le dortoir, quand tous les autres garçons dormaient, je sortais du lit et je me tenais debout dans l'allée entre les rangées de lits de camp, là où la lune transformait le lino en glace, et j'imitais le mouvement du maniement de la crosse. Je m'imaginais en train de filer en trombe vers la ligne bleue, la rondelle bien calée sur la palette de ma crosse. Je faisais une feinte pour passer le dernier défenseur et je filais seul vers le gardien qui commençait à lentement reculer dans son but. Je faisais passer mon poids d'un pied sur l'autre pendant que je patinais, dansant, me tortillant, bluffant, la rondelle toujours bien en place au creux de ma palette. L'espace entre le gardien de but et moi diminuait, et une fois arrivé à près de dix pieds, je plaçais le palet derrière ma jambe droite. Ensuite, je faisais passer mon poids en avant, sur ma jambe gauche, et je laissais la crosse et le palet aller vers l'avant. Quand le transfert de poids s'était effectué, je faisais un mouvement brusque des poignets et j'envoyais, en un éclair, le palet dans le coin supérieur droit, faisant gonfler le filet derrière le gardien de but désarmé. Bien entendu, la puissance de mon tir me faisait tomber sur un genou. Je levais les bras dans la lumière feutrée du dortoir. Ma bouche s'ouvrait de joie et je faisais face à l'image de Jésus, suspendue au mur, mon salut venant plutôt du bois, du caoutchouc, de la glace et du rêve d'un match. Je restais là, debout, les bras levés en triomphe et je ne me sentais ni solitaire ni apeuré, ni délaissé ni abandonné, mais en communion avec quelque chose de bien plus grand que moi. Ensuite, je remontais dans mon lit et dormais jusqu'à ce que l'aube m'éveille et que je puisse retourner à la patinoire.

17

Le Père Leboutilier était mon allié. Quand les religieuses et les prêtres étaient trop durs avec moi, il était là pour servir de médiateur et me défendre. Le deuxième hiver, j'avais neuf ans et j'étais devenu plus audacieux. Je me mis à planquer des patins avec la crosse. Le Père m'avait chargé du vestiaire, et j'avais maintenant pour tâche de nettoyer toutes ces choses : laver les chandails, faire sécher les gants, les culottes et les protections. Je me levais toujours avant tout le monde et j'allais à la patinoire. Il y avait encore le rituel du pelletage de la neige et du nettoyage de la glace, ce travail solitaire consistant à préparer l'ouverture des portes donnant sur un royaume magique.

Tous les patins étaient trop grands pour moi. Je garnis donc de papier journal les bouts d'une paire pour la mettre à ma taille. Une fois les patins lacés bien serrés à mes pieds, j'allai m'accrocher à la bande et avançai en titubant sur toute la longueur de la patinoire, puis j'effectuai un demi-tour et fis le chemin inverse en titubant. Une fois que je pus me déplacer de cette façon autour de la glace, je pris une chaise dans la grange, la posai devant moi, je m'appuyai sur son dossier et la poussai pour avancer. J'observais toujours avec beaucoup d'attention la façon de patiner en regardant *La Soirée du hockey*, et je voulais copier ces mouvements. C'était difficile, mais je finis par y arriver, si bien que je réussis à faire le tour de la patinoire avec cette chaise.

Puis arriva le matin où j'abandonnai la chaise.

Je devins un oiseau. Un oiseau maladroit pour commencer, mais une créature de l'air malgré tout. Je me penchais trop vers l'avant et je devais éviter de tomber, mais je réussis à me propulser. Dans mon esprit, je voyais comment je voulais que mon corps se comporte sur les patins et je m'y employais. Je m'entraînai pendant une semaine. Pas et pas glissé. Pas. Pas glissé. Pas. Pas glissé. Je mettais mes bras en position et me concentrais pour maintenir une posture stable. Je me remémorais les joueurs que j'avais vus à la télé, je fixais des yeux la bande du fond et m'élançais vers elle, en prenant progressivement de la vitesse.

Je me voyais faire demi-tour à l'extrémité. Je me voyais croiser les pieds, l'un par-dessus l'autre, me penchant vers l'intérieur, abaissant légèrement l'épaule à l'intérieur, soulevant plus haut mes coudes et décrivant un arc parfait autour de la courbe que dessine la bande. Je le voyais comme si je l'avais fait une centaine de fois. Et puis je le fis. Je contournai le filet et suivis la bande ; je sortis de cette longue courbe, levai les bras très haut dans les airs tout en glissant le long de la longue ligne droite de la glace. Puis je m'entraînai à faire la même chose en sens inverse.

Je m'activais davantage au nettoyage de la glace afin d'avoir plus de temps chaque jour pour patiner. J'expédiais cette corvée. Je courais sur toute la largeur de la glace en repoussant la neige en tas le long de la bande. Le labeur me rendit sec et nerveux. Il prodiguait à mes poumons une remise en forme et il me libérait l'esprit de tout sauf de la glace. Quand je laçais les patins, mes doigts tremblaient, en fait. Pas de froid, mais de savoir que la liberté était imminente, que l'envol était à ma portée. Je flottais sur la scène d'un blanc de neige dans un monologue de grâce et de mouvement. J'aimais ça. Chaque fois que je patinais, j'avais l'impression d'avoir créé ce mouvement. C'était pur, nouveau et saisissant.

Je commençais toujours de la même façon. Je me penchais, les mains sur les genoux, et fixais la neige des yeux, repérant un point à sa surface. Puis je me visualisais en train de patiner vers ce point. Je me voyais décrire un grand cercle que je réduisais progressivement, avant de me retourner d'un seul coup pour sortir de ce cercle par l'autre côté. Puis j'y allais et je passais à l'action. Les lames de mes patins ne produisaient jamais de bruit. Je ne pouvais pas me permettre de laisser qui que ce soit découvrir ce que je faisais, alors j'appris à patiner sans bruit, sans le crissement de l'acier sur la glace comme les autres garçons quand ils jouaient. J'appris à visualiser les mouvements avant de m'y essayer. Si je parvenais à me voir en train de les faire, alors je pourrais y arriver. Cela fonctionna pour chaque mouvement. Rien n'expliquait comment j'y parvenais. Je savais que c'était un mystère et c'est en tant que tel que je l'honorais.

Ma grand-mère parlait toujours de l'univers comme étant le Grand Mystère.

« Qu'est-ce que ça veut dire ? lui avais-je demandé une fois.

— Ça veut dire toutes sortes de choses.

— Je ne comprends pas. »

Elle m'avait pris la main et m'avait assis sur un rocher au bord de l'eau.

« Nous avons besoin de mystère, avait-elle dit. Notre Créatrice, dans sa grande sagesse, le savait. Le mystère nous remplit de crainte et d'émerveillement, ce sont les fondements de l'humilité, et l'humilité, petit-fils, est le fondement de tout apprentissage. C'est pourquoi nous ne cherchons pas à démêler cela. Nous l'honorons en le préservant ainsi pour toujours. »

Quand je me livrais au mystère de la glace, je devenais une créature différente. Je pouvais ralentir le temps, choisir le tempo dont j'avais besoin quand je me lançais dans l'apprentissage d'une nouvelle technique. Je pouvais filer sur la glace à toute allure, puis replier le temps sur lui-même afin de ralentir le virage, chaque muscle, chaque tendon, chaque nerf de mon corps se remémorant le mouvement, l'apprenant, le transformant en une part de moi-même.

J'appris à m'arrêter vite sur un patin. J'appris à patiner en arrière, en passant d'avant en arrière instantanément, en déplaçant mon poids d'un pied sur l'autre, en effectuant d'éblouissants changements de direction. Je plaçais les crottins de cheval au hasard et j'appris à me faufiler entre eux de tous les côtés. Chaque fois, je visualisais le mouvement, puis je le réalisais. Je me donnais avec tout l'amour de mon cœur et je le laissais m'emporter encore plus loin dans ce mystère.

Puis je pris la crosse, mettant en œuvre toutes les capacités que j'avais développées l'hiver précédent pour déplacer les crottins sur la glace. Ces crottins étaient précieux et je m'appliquais à ne pas les casser.

Je décrivais des cercles, d'abord dans un sens, puis dans l'autre jusqu'à pouvoir les faire plus vite et plus petits. Je m'entraînais à atteindre une grande vitesse sur un patin avec le moins de pas glissés possible, tout en gardant le crottin sur la palette de ma crosse. Je changeais de position, je feintais, je feignais. Je filais sur la glace avec le bruissement discret des lames, et je la débarrassais des preuves quand les crottins se défaisaient d'un tir du poignet, net, bref et brusque.

Je gardais mes découvertes pour moi et je m'assurais toujours que la surface de la patinoire était immaculée. Le restant de la journée, je marchais dans les couloirs sombres de l'école, revigoré par mon secret. Je ne ressentais plus cet air froid et sans espoir autour de moi, parce que j'avais le Père Leboutilier, la glace, les matins et la promesse d'un sport que je serais bientôt assez grand pour pratiquer.

18

Le Père Leboutilier faisait travailler les garçons sans relâche. Il les poussait à faire les exercices, pour ensuite mettre en œuvre les acquis durant le match d'entraînement. Il leur présentait ce qu'il voulait voir dans la pellicule de neige sur la glace. Des cercles. Des flèches. La mathématique et la science de tout cela. Une fois qu'ils avaient compris, ils patinaient avec indolence pour reprendre leurs positions, les visages crispés par la concentration. Dès que le palet tombait sur la glace, leurs déplacements étaient calculés, les griffures et les gribouillis sur la patinoire prenaient soudain vie. C'était excitant à voir. Ils patinaient dur. C'étaient d'imposants Indiens, grands et maigres, et leurs visages angulaires étaient graves. Quand ils forçaient sur leurs jambes et balançaient les bras à la poursuite du palet, passant comme l'éclair devant moi, on aurait dit des guerriers. Lorsque le sifflet retentissait, ils tournaient comme un seul homme. Certains tombaient sur la glace, jambes écartées, poitrines haletantes. D'autres, essoufflés, s'adossaient à la bande devant moi. Leurs visages brûlaient d'enthousiasme et de joie, leur respiration rappelait l'air qu'expulsent les mustangs. Le piétinement des lames de leurs patins me rappelait les sabots sur le sol gelé. C'était ça, ce sport, ce rassemblement de frères, de proches, unis par la plénitude de l'effort, le défi et la tension, respirant l'air qui s'élevait de la surface glaciale d'une patinoire sous un sinistre soleil.

L'équipe se préparait pour son premier match, organisé contre une équipe de la ligue de White River. Ils s'entraînèrent avec beaucoup d'agressivité. Le Père Leboutilier ne sifflait un arrêt de jeu que s'il y avait une faute flagrante ou une infraction aux règles. Le rythme était effréné. Ils poussaient, tiraient, donnaient des coudes avec force pour dégager le palet et relancer à fond le jeu sur la glace. Puis un après-midi, il y eut un hurlement et un joueur tomba sur la glace en se tenant la jambe. Le Père Leboutilier s'empressa de patiner jusqu'à lui, s'agenouilla et prit la tête du garçon dans ses mains gantées. Quelques minutes plus tard, deux garçons aidèrent le joueur blessé à se relever. Il s'appuya sur eux tandis qu'ils le ramenaient vers la bande en patinant doucement.

« Ça va, dit-il.

— Tu ne peux pas rester debout sur cette cheville, dit le Père Leboutilier.

— Ça va, répéta le garçon.

— Je suis désolé. Je ne peux pas te laisser jouer alors que tu es blessé.

— On n'a personne d'autre. Comment allez-vous faire une équipe ? » demanda le garçon.

Les mots sortirent avant même d'avoir été préparés : « Je vais remplacer Wapoose », dis-je.

Le Père me regarda, surpris.

« Tu sais patiner, Saul ?

— Oui.

— Comment as-tu appris ?

— Tout seul. Le matin. Après avoir nettoyé la glace. »

Les autres me regardaient, leurs yeux telles de scintillantes obsidiennes sous les rebords de leurs casques. Je n'étais que le nettoyeur de la glace, le Zhaunagush parmi eux. Ça leur convenait bien de me laisser faire, mais j'étais encore l'étranger. Le Père se frotta le menton avec son gant et il regarda fixement de l'autre côté du champ.

« Bon, je suppose que tu vas pouvoir remplacer pour le match d'entraînement. »

Je courus jusqu'à la congère pour récupérer ma crosse. Quand le Père Leboutilier me tendit les patins de Wapoose, je partis à la grange chercher la bourre de papier que j'y gardais et j'en garnis les bouts, puis je glissai mes pieds à l'intérieur et je les laçai bien serrés jusqu'en haut. Le Père sourit quand je sautai par-dessus la bande. Je fis une fois le tour de la patinoire. Lentement. Pour me mettre en jambes. Le Père Leboutilier approuva d'un signe de tête, et quand je revins auprès de l'équipe, il posa une main sur mon épaule et me fit signe de prendre la place de Wapoose à l'aile droite.

C'est tout juste si je pouvais respirer. Mon corps tout entier tremblait. Une fois le palet tombé sur la glace, je me déplaçai au ralenti afin d'étudier le jeu. Quand les joueurs avancèrent pour se mettre en place, je patinai dans mon aile. Les autres garçons m'ignoraient.

Je restai en limite du match d'entraînement, le jeu déroulant son schéma devant moi. Puis soudain, je le vis clairement. Je vis la direction du jeu avant même qu'il se passe quelque chose et j'avançai à cet endroit précis. À présent, j'étais focalisé sur mon patinage, écartant un peu plus les pieds et gardant toute la longueur de la palette de ma crosse sur la glace.

Il y eut une collision sur la ligne bleue et le palet se libéra d'un coup. Je tournai comme une petite planète dans un univers blanc. Tout le monde réagit en même temps. J'entendais le piétinement des lames de leurs patins. Mais je poussais fort, de façon régulière, et en trois pas glissés, j'étais à ma vitesse maximale. Je recueillis le palet au creux de ma crosse, tout en me donnant de l'élan avec mon autre bras. Le gardien de but glapit et recula lentement jusqu'à l'entrée du filet. Je franchis à toute vitesse la ligne bleue et il n'y avait que moi, le palet et le filet. Je volais, je patinais aussi vite que je pouvais, puis le temps ralentit. J'entendais ma respiration, les hurlements des autres garçons derrière moi, je sentais monter l'adrénaline dans ma poitrine, je voyais les yeux du gardien de but se plisser dans la concentration.

Quand je fus à douze pieds, je m'appuyai sur les talons de mes patins et je plaçai le palet dans l'espace entre mes genoux. Je le fis passer d'un côté à l'autre, comme Béliveau. Je remuai les épaules, puis je fis une feinte évidente sur la gauche et le gardien glissa sur un de ses genoux, la palette de sa crosse sur la glace. Une fois qu'il se fut engagé, je fis soigneusement repasser le palet entre mes jambes, comme je l'avais fait tant de fois le matin avec les crottins de cheval, j'allai le chercher avec ma crosse et je le coinçai au milieu de ma palette. D'un mouvement du poignet, je tirai habilement le palet dans l'angle droit, là où la barre transversale rejoint le poteau.

Je virai sur mes patins et je me laissai glisser à reculons jusqu'à la bande derrière le filet. J'étais trop ébranlé pour lever les bras.

Les autres joueurs se retournèrent en effectuant une longue courbe pour me dévisager avec stupéfaction.

Le Père Leboutilier se tenait au centre de la glace, un gigantesque sourire sur le visage.

« Tu as appris tout seul à jouer, Saul ?

— Oui. Dans les livres et en regardant les matchs à la télévision.

— C'était un très chouette déplacement. Ça aussi, tu l'as appris tout seul ?

— Oui. Je me suis entraîné au maniement de la crosse avec des crottins. »

Il rit. Il me frotta la tête avec un de ses gants, puis il alla voir les autres garçons.

« Tu peux jouer au centre, Saul ? demanda le Père Leboutilier.

— Comme Béliveau ? »

Il rit.

« Oui, comme Béliveau.

— Je veux bien essayer.

— Bien. Ottertail, tu prends l'aile droite.

— Je joue au centre, dit Ottertail en me lançant un regard mauvais.

— Laisse Saul essayer. Juste pour l'entraînement. »

Le Père Leboutilier siffla et je me plaçai pour faire la première mise au jeu de ma vie. Je la perdis, mais une fois le match d'entraînement commencé, cette curieuse sensation de pouvoir anticiper le jeu me revint. Le palet semblait me suivre. Le Père Leboutilier nous laissa tout simplement patiner et au bout d'un moment notre jeu devint précis et net, nous étions tous pris par l'excitation du match. Quand le Père Leboutilier finit par siffler la fin du match, les garçons les plus âgés patinèrent jusqu'à la bande et s'y appuyèrent. Je traînai derrière eux, ne sachant trop quoi faire. Mais lorsque je m'approchai, ils me firent une place parmi eux. Nous restâmes là comme des étalons au retour d'une sortie dans la prairie.

19

Le Père Quinney et la Sœur Ignacia commencèrent par protester à cause de mon âge et de ma petite taille, puis des conséquences qu'aurait, sur le reste des enfants, cette entorse au règlement. Mais le Père Quinney me vit jouer et, après cela, les choses changèrent.

« Il a un don divin pour ce jeu, ma Sœur », dit-il quand la Sœur Ignacia persista.

Je conservai mon boulot du matin, seulement désormais je portais les patins pour pelleter. Une fois la glace déblayée, je dégageais l'un des filets de la congère où il se trouvait, je laissais pendre mes bottes dans l'un des coins et je m'entraînais à les frapper pour pratiquer mes tirs du poignet. Je m'inventais des exercices. J'imaginais des huit dans les deux directions : je les dessinais à reculons. Je mettais en place des lignes de palets et je m'entraînais à me faufiler entre eux aussi vite que possible, alternant les déplacements en avant et en arrière. J'avais regardé les patineurs artistiques sur la télévision du Père Leboutilier et j'entrepris d'imiter leurs mouvements dans mon jeu. Je faisais des pirouettes, changeais brusquement de direction sur un seul pied.

Il n'existait pas une nuance que je ne tentai d'incorporer dans ce que je ressentais comme l'impression de voler, d'être emporté dans le ciel sur de grandes ailes. J'aimais cela. J'étais un petit garçon avec des patins trop grands et dans ce monde que le hockey avait créé je découvris un nouveau foyer.

Je n'avais jamais eu de nouvelles de mes parents. Peut-être ne pouvaient-ils pas me trouver. Peut-être que la honte de nous avoir abandonnés dans les bois était trop lourde. Ou peut-être que la boisson les avait aussi facilement mis sous sa coupe que le hockey s'était emparé de moi. Certains soirs, je me sentais dévasté par la douleur de la perte. Mais je savais que la solitude serait effacée par le lustre de la glace sous le soleil, par l'air froid sur mon visage, par le bruit d'une crosse en bois déplaçant latéralement une rondelle de caoutchouc gelée.

20

Nous jouâmes contre l'équipe de la ville trois semaines après que le Père Leboutilier m'eut laissé patiner avec les grands pour la première fois. Mes coéquipiers rirent quand ils me virent en tenue. Une autre équipe de la ville nous avait fait don de ses vieux chandails et je nageais dans le mien. Il pendouillait comme si je n'avais pas d'os. Mes patins trop grands et ma crosse d'adulte me donnaient une allure encore plus bizarre. Le Père Leboutilier avait essayé de me convaincre de raccourcir un peu ma crosse, mais plus le bâton était long, mieux je l'avais en main.

Le match se déroulait au stade de glace de White River. Nous avions toujours joué en plein air et la chaleur des vestiaires nous procurait une impression d'étouffement. Nous avions l'habitude de nous mettre en tenue dehors, dans le froid. Nous avions l'habitude de le laisser nous mettre en condition : les premiers cercles sur la glace, le sang qui affluait dans nos muscles, l'échauffement progressif dans l'effort, c'était ce qui nous préparait. Dans cette patinoire couverte, au-dessus de nous, à la place du soleil, il y avait des lumières jaunes, et à la place des nuages, des poutres. Il y avait des vitres au-dessus de la bande et derrière les filets à la place du grillage.

Quand, dernier de la file, je suivis notre équipe sur la patinoire, je vis que, sur les gradins, les gens me montraient du doigt en riant.

« L'école des Indiens a amené sa mascotte ! »

« Est-ce un morveux ? Non. C'est un baveux ! »

Le Père Leboutilier nous rassembla sur le banc et j'écoutai attentivement pour échapper aux railleries.

« C'est une équipe expérimentée, dit le Père. Ces garçons disputent des matchs depuis l'âge de six ans. Vous, c'est la première fois. Alors jouez pour le plaisir. Jouez pour apprendre. Jouez en équipe et vous ne pouvez pas perdre. »

Nous étions douze. Deux groupes de cinq et deux gardiens. Nous étions nerveux. Je le voyais sur le visage de mes coéquipiers. Dès la mise au jeu, il devint évident que nous n'étions pas à la hauteur. L'équipe de la ville déplaçait le palet avec vélocité. Leurs passes étaient nettes et précises. Ils marquèrent dès la première minute. Mais rapidement, assis là sur le banc, j'éprouvai cette curieuse impression d'une vision qui descend sur moi. Je voyais. Je voyais ce qu'ils allaient faire avant qu'ils ne le fassent. Quand le Père Leboutilier indiqua à notre ligne que c'était notre tour, j'étais prêt.

La foule poussa des hurlements en me voyant patiner en direction de la ligne rouge pour faire la mise au jeu. Leur centre prit un air menaçant et frappa ma crosse avec la sienne.

« Microbe, dit-il. Ôte-toi de mon chemin. »

Il remporta la mise au jeu et il s'empara du palet qui repartit vers leurs défenseurs. Je patinai en souplesse en suivant le jeu sur la glace. Nous prîmes le contrôle du palet et commençâmes à monter la rondelle, mais nous fûmes arrêtés à leur ligne bleue. J'observai l'autre équipe attentivement et quand le palet, après un tir bloqué, partit de notre côté dans le coin droit, je savais que j'aurais le dessus. Je donnai toute ma puissance et me démarquai devant notre défenseur, faisant une percée dans un angle difficile pour recevoir la passe. Je poussai un hurlement. Il me vit et lança le palet dans ma direction. Je le piégeai aisément d'une main et fis en même temps demi-tour sur la glace.

Trois de leurs joueurs étaient devant moi. Quand l'ailier gauche essaya de me faire une mise en échec, j'allai vers la gauche. Je repoussai le palet vers la droite, entre ses jambes, et je le contournai. Leur défense reculait et douze pieds nous séparaient. Je dépassai le premier garçon. Il vint avec moi pendant que je traversais la glace en trombe, mais je tournai brusquement une fois près de la bande, le palet sur le revers de ma crosse et je laissai l'autre joueur sur place. Le deuxième garçon patina à reculons tandis que je me redressais pour me diriger vers lui. Je fixai sa poitrine et laissai la rondelle au bout de la palette de ma crosse. Je sentis ses yeux aller dans cette direction et quand il bondit, je fis un tour, je mis le palet entre mes jambes, je le repris une fois le tour achevé et j'avais la voie libre. J'entendais la foule crier à son équipe de m'arrêter. Je couvris les soixante pieds me séparant du filet en un rien de temps. Leur gardien était rentré dans son but. Je me penchai vers la droite. Il me suivit. Dans mon esprit, je voyais ma botte d'uniforme scolaire pendouiller par les lacets dans le coin supérieur droit du filet. Je m'appuyai de toutes mes forces sur mon patin droit et en même temps, d'un coup vif, je fis un tir du poignet. Le gardien lança sa main gantée vers le haut, mais trop tard. Le palet partit dans le coin supérieur du filet.

La patinoire se déchaîna. La sirène retentit, la lumière rouge clignota, leurs joueurs jetèrent leurs crosses sur la glace, la foule gronda. J'étais perdu au milieu d'une frénétique célébration de bras, de crosses et de casques. Le Père Leboutilier se tenait debout devant la porte ouverte sur nótre banc alors que je patinais dans cette direction ; son visage était rouge d'excitation. Il m'arrêta et posa les mains sur mes épaulières.

« C'était magnifique. Tu as été magnifique », dit-il.

Je m'assis sur le banc pour jouir de tout cela. Lorsque je sautai de nouveau sur la glace, c'était mû par la détermination de gagner à nouveau les compliments du Père. Cette fois-ci, lorsque je m'emparai du palet, il ne monta pas de rires des spectateurs. Au lieu de cela, ils vociféraient à leur équipe de m'arrêter, de me frapper, de m'écraser. Mais quand les joueurs s'y employaient, je me contentais d'accélérer. Personne ne pouvait me rattraper. Je marquai encore deux fois et je fis des passes qui nous permirent de compter deux buts ; nous remportâmes le match avec un but d'avance. Je fus applaudi lorsque je quittai la glace et dans les vestiaires mes coéquipiers étaient béats. Je ne leur fis qu'un petit sourire, puis je me penchai sur mes patins et commençai à les délacer.

Le Père Leboutilier vint s'asseoir à côté de moi et s'adossa au mur, jambes étendues devant lui. Il me posa une main dans le dos et me donna des petites tapes.

« Saul, dit-il tranquillement, ce sport t'aime. »

J'étais assis, la main du Père dans le dos, tout en écoutant le bavardage enthousiaste de l'équipe tandis qu'ils rejouaient la partie. Ce sport t'aime, avait-il dit, et ici même, maintenant même, je le lui rendais bien.

21

St. Jerome's était l'enfer sur terre. Où qu'on aille, il fallait marcher au pas. Le matin, après que les prêtres avaient traversé les dortoirs en faisant sonner des clarines pour nous effrayer afin de nous réveiller, il fallait marcher au pas jusqu'aux latrines. Nous attendions en rang notre tour pour les toilettes – douze pour cent vingt garçons. Certains faisaient dans leur culotte pendant qu'ils attendaient parce que nous étions fouettés si nous nous levions pendant la nuit. Nous avions une demi-heure pour nous laver, faire nos lits et nous préparer pour la marche jusqu'à la chapelle. Là, nous restions sur nos sièges à nous ennuyer pendant que le Père Quinney disait la messe en latin. À la fin, il prêchait la grandeur du dieu catholique.

« Nous vous avons amenés ici pour vous délivrer de vos habitudes païennes, pour vous conduire jusqu'à la lumière du salut de l'unique et véritable Dieu. Ce que vous apprenez ici vous élèvera, vous rendra dignes, lavera votre corps et purifiera votre esprit. »

Une fois qu'il avait la satisfaction de savoir que le message nous avait été convenablement martelé, on nous conduisait au pas jusqu'au réfectoire pour le petit déjeuner. Les garçons et les filles étaient assis à des côtés opposés de la pièce. Nous attendions debout derrière nos chaises que chacun ait un bol de porridge grumeleux et insipide, une tranche de pain grillé et un verre de lait en poudre trop dilué. Ensuite l'un des prêtres disait le bénédicité, puis nous nous asseyions et mangions en silence. Pas un seul d'entre nous ne pouvait s'empêcher de risquer une correction en jetant un regard furtif à la table des sœurs et des prêtres en train de manger leurs œufs au bacon ou à la saucisse. L'odeur flottait jusqu'à nous pendant que nous nous étouffions avec notre gruau, puis que nous restions assis, les mains à nos côtés, jusqu'à ce qu'ils aient fini de manger, et on nous ramenait au pas jusqu'à nos corvées.

Ils appelaient cela une école, mais ce n'en fut jamais une. Nous passions le plus clair de nos journées au labeur. Même les plus jeunes devaient participer. Les filles étaient occupées à la cuisine où elles préparaient le pain qui allait être vendu en ville, ou dans les ateliers de couture où elles faisaient nos vêtements à partir de tissus lourds et rugueux que l'école récupérait auprès de l'armée. Les garçons dégageaient le fumier des stalles des chevaux et des vaches, sarclaient les champs, récoltaient les légumes ou s'activaient à l'atelier de menuiserie où ils fabriquaient les meubles que les prêtres vendaient aux gens de White River. Nous passions une heure par jour en classe à apprendre des rudiments d'arithmétique et d'anglais, qui devaient nous permettre de nous assurer un métier manuel quand nous serions « diplômés » de l'école. Il n'y avait ni notes ni examens. Le seul contrôle portait sur notre capacité à tenir le coup. Puisque je savais déjà lire et parler anglais quand le Père Leboutilier arriva, j'eus accès aux livres de la bibliothèque municipale. Les autres, par contre, obligés de lire dans des abécédaires, n'acquirent jamais d'aisance dans cette langue. Les enfants étaient systématiquement fouettés quand ils donnaient la mauvaise réponse. Devant toute la classe, on les tournait face au mur, on leur faisait baisser leur pantalon jusqu'aux chevilles, se pencher mains sur les genoux pour être cinglés à vif. Les garçons comme les filles, sauf que les filles étaient autorisées à garder leurs sous-vêtements.

« J'ai vu plus de petites noisettes brunes qu'un écureuil, me dit un jour Lenny Mink. Et plus de fissures sombres que la rivière au moment du dégel printanier. » C'était un rigolo, ce Lenny Mink. Il mourut alors qu'ils essayaient de dégager une souche à l'extrémité d'un champ et que la chaîne du tracteur se rompit. La tête de Lenny fut sectionnée en deux sous les yeux de tous les garçons. Il n'y eut pas d'enterrement. Il n'y en avait jamais pour les enfants qui mouraient. Son corps disparut, tout simplement, et aucun des prêtres ni aucune des sœurs ne parla plus jamais de lui.

Nous étions comme du bétail. C'est ainsi que nous étions traités. Nourris, abreuvés, contraints de porter notre fardeau quotidien et rentrés à l'abri pour la nuit. Quiconque s'esquivait ou se plaignait était battu devant tous les autres. C'était peut-être cela le plus grand crime : nous rendre complices en faisant de nous des témoins silencieux et impuissants. Parfois des garçons ou des filles parmi les plus âgés s'interposaient pour essayer d'interrompre une correction, mais ils étaient roués de coups jusqu'au sang et emmenés – on ne les revoyait jamais.

Nous vivions sous une menace constante. Si ce n'était pas la menace physique directe des coups, de la Sœur de Fer ou de la disparition, c'était l'épouvantable menace du purgatoire, de l'enfer et de la souffrance éternelle que leur religion promettait aux impurs, aux païens, aux âmes perdues. Ceux d'entre nous qui se souvenaient des histoires racontées autour des feux de notre peuple tremblaient d'effroi à la vision de l'enfer, de la damnation, des flammes et du soufre.

Je ne fus jamais envoyé à la Sœur de Fer, mais une fois, je la vis. Le Père Leboutilier et moi étions en train de ranger l'équipement de hockey au sous-sol de l'école. Je descendais l'escalier derrière lui, les bras chargés de matériel. Nous passâmes un angle, elle était là. Elle avait la forme d'une boîte à chaussures, longue et plate, avec une petite grille dans la porte. Je voyais bien qu'elle n'était pas assez haute pour que même l'enfant le plus petit puisse tenir debout, voire à genoux. J'avançai jusqu'à elle, le fer était froid au toucher.

« Écarte-toi de là, Saul, dit le Père derrière moi.

— Pourquoi est-ce qu'ils ont ça ? demandai-je.

— Ils manquent de charité. »

Quand on t'arrache ton innocence, quand on dénigre ton peuple, quand la famille d'où tu viens est méprisée et que ton mode de vie et tes rituels tribaux sont décrétés arriérés, primitifs, sauvages, tu en arrives à te voir comme un être inférieur. C'est l'enfer sur terre, cette impression d'être indigne. C'était ce qu'ils nous infligeaient.

Les corrections faisaient mal. Les menaces nous rabaissaient. Les incessantes besognes nous épuisaient, nous faisaient vieillir avant l'heure. La mort, la maladie et les disparitions nous emplissaient d'effroi. Mais peut-être que ce qui nous terrifiait le plus, c'étaient les assauts nocturnes.

Ils commençaient par le bruissement des pantoufles sur les lattes du plancher ou celui des ourlets des soutanes et des robes, tandis que les prédateurs, impatients, sillonnaient les dortoirs. Nous enfouissions nos visages dans les oreillers ou cachions nos têtes sous nos couvertures pour échapper aux déferlantes de malheur qui surgissaient chaque nuit. Pour commencer, il y avait le craquement des ressorts quand les adultes s'asseyaient. Des chuchotis, un ton cajoleur, puis les bruits de froissement qui se tatouaient dans nos cerveaux, les cris de détresse, le frottement des peaux qui glissaient l'une contre l'autre, et les sourds grognements adultes qui naissaient d'ardeurs qu'aucun de nous ne put jamais comprendre. Parfois trois ou quatre garçons recevaient ce type de visite. Parfois un seul. D'autres fois des garçons étaient entraînés à l'extérieur des dortoirs. Où ils allaient et ce qui leur arrivait, nul n'en parlait jamais. Au grand jour, nous échangions des regards vides, de façon à ne pas causer davantage de honte. C'était la même chose pour les filles.

« L'amour de Dieu », murmura un jour Angeline Lynx Leg.

Nous écossions des petits pois de chaque côté d'un seau de cinq gallons. Elle le dit si bas que je levai les yeux pour voir si elle me parlait. Non. Dans ses mains, une cosse verte et lisse qu'elle frottait du pouce. « L'amour de Dieu, répéta-t-elle, puis elle me regarda avec des yeux aussi profonds et vides que ceux d'une poupée. Ce que la Sœur apporte la nuit. Ce que le Père apporte. Pour me bénir. Pour me nourrir. »

J'observai une seule grosse larme couler du coin de l'un de ses yeux, éclater, une fois bien formée, sur sa peau brune. Elle l'atteignit avec un doigt. Puis elle tint ce doigt devant son visage et l'observa, le goûta de la langue avant de se repencher sur sa tâche et se remettre à écosser les petits pois. Elle avait neuf ans et tout ce que je ressentais était du vide.

22

Dès l'instant où je touchais la glace, tout cela était derrière moi. Je posais un pied sur la glace et Saul Indian Horse, le petit Ojibwé abandonné, coincé dans les bras gelés de sa grand-mère morte, cessait d'exister.

Le Père Leboutilier aimait ce jeu plus que quiconque. Quand il nous entraînait ou qu'il regardait les matchs à la télévision, il perdait cette solennelle façade de prêtre pour redevenir un enfant qui s'en délectait par anticipation. Son plaisir était contagieux.

Je ne fus donc pas surpris de le voir arriver à mes séances d'entraînement solitaires du petit matin. Il attendait que j'aie fini de déneiger la glace et que j'aie fait mes échauffements, puis il laçait ses patins et me rejoignait. Durant ces sessions, j'appris comment transférer à mes pieds et mes mains ce que je voyais dans ma tête. Le Père Leboutilier m'enseigna à attraper une passe du revers de la crosse sans regarder, puis mettre la rondelle sur le devant de ma palette et tirer. Il m'enseigna à exécuter des tirs du poignet puissants comme des fusées en me faisant des passes rapides depuis l'arrière du filet. J'appris à décocher des tirs précis en positionnant mon poids sur l'un ou l'autre pied tout en étant en mouvement, et il me montra aussi comment mes patins pouvaient m'aider à manier le palet au cours de l'attaque. Tandis que je mettais en pratique chaque nouvelle technique, chaque étape supplémentaire de ma compréhension, la joie sur son visage était ma récompense.

« Le hockey, c'est comme l'univers, Saul, dit-il un jour. Quand tu es dans l'obscurité et que tu lèves les yeux vers lui, tu vois le flamboiement paisible des étoiles. Mais si tu étais en plein cœur, tu verrais le chaos. Le tourbillon des comètes. Des météorites. Des explosions stellaires. Des choses qui naissent, des choses qui meurent. Le chaos, Saul. Mais ce chaos est organisé. Il est harnaché. Il est contrôlé. Ce que tu ne peux pas voir derrière toute cette action, cette vitesse, ce désordre, c'est le grand esprit de ce sport. Ce qui te rend si extraordinaire, c'est ça. Tu as cet esprit en toi. »

Ses paroles m'allèrent droit au cœur et je m'entraînai avec zèle.

L'équipe de notre école joua encore quelques fois contre celle de la ville cet hiver-là et nous gagnâmes sans difficulté. La rumeur que nous jouions bien s'était répandue et même le Père Quinney assista à quelques matchs. Plus je jouais, plus ma vision du jeu s'affinait. Il viendrait toujours un moment où le jeu se déplacerait vers moi et où le palet se retrouverait sur ma crosse. J'en étais arrivé à l'attendre, à compter dessus.

L'hiver se termina, la glace fondit et l'eau se mêla aux sillons du champ. Mais je continuai à me lever de bonne heure. Je me mis à courir. Je courais sur la route de gravelle qui descendait en courbe jusqu'au bas de la crête, puis je remontais sa pente raide.

Une fois au sommet, je me retournais et faisais face à l'école tout en reprenant mon souffle, je faisais ensuite demi-tour et je traversais la forêt jusqu'aux basses terres, là où il y avait une hutte de castors. J'observais le V dessiné par les castors qui nageaient, j'écoutais les canards et les harles et je pensais à ce qu'avait dit le Père Leboutilier à propos de cet esprit caché en moi.

Quand je lui racontai ce que je faisais, il se joignit à moi. Nous courions tous les matins. Il m'expliqua combien il était important pour un hockeyeur d'avoir des cuisses puissantes. Il était allé au Forum de Montréal et avait rencontré Yvan Cournoyer, cette jeune star étonnamment rapide, dans le vestiaire des Canadiens juniors.

« Ses cuisses étaient comme des miches de pain. Énormes. Il fallait même lui faire des pantalons sur mesure. Il est le joueur le plus rapide que j'aie jamais vu, Saul. »

Nous commençâmes à faire des successions de courts sprints en remontant le flanc de la colline. Une fois que je pus en enchaîner une dizaine, il me fit suivre la crête jusqu'à l'endroit où les rochers formaient un amas démentiel à sa base. Je courus sur cette pente d'éboulis tous les jours. Sauter et rebondir entre les rochers était exaltant et nous en fîmes un jeu. Je pénétrais l'esprit du hockey au cours de ces rudes entraînements à la course à pied.

Un jour où je travaillais dans la grange, je découvris une plaque de linoléum au fond du grenier. À mesure que j'enlevais la paille, on aurait dit de la glace sur mes paumes. Je la portai jusqu'à l'endroit où étaient rangés les filets de hockey et je la plaçai à une vingtaine de pieds devant l'un d'eux. Ensuite je pris une crosse et un palet et je fis une série de tirs du poignet en direction du filet. Le Père Leboutilier intervint en ma faveur auprès de Sœur Ignacia et il m'obtint du temps libre pour m'entraîner pendant l'heure précédant le dîner. C'était un plaisir de retrouver ce sport dans la chaleur de l'été et quand, un après-midi, je vis un ouvrier découper au chalumeau un tuyau en tronçons de trois pouces, je lui demandai s'il pouvait m'en couper deux. Ces anneaux pesaient bien plus qu'un palet normal ; je dribblai et pratiquai mon tir du poignet avec, jusqu'à ce que mes poignets et mes avant-bras fussent durs comme du roc. Lorsque je fis une démonstration au Père Leboutilier, il rit.

« Magnifique », dit-il en me passant la main dans les cheveux.

Le Père emmena six garçons dans l'atelier de menuiserie afin qu'ils découpent six trous dans une planche de contreplaqué, un à chaque coin, gauche et droit, haut et bas, un carré au milieu en bas et un en haut au centre. Je m'entraînai à tirer dans chacun de ces trous avec les lourdes sections de tuyau. J'y travaillai dur. Je m'y employai jusqu'à réussir à faire passer l'acier comme une plume dans chacun de ces orifices. Puis le Père Leboutilier commença à me dire dans quel trou tirer.

« En haut à droite ! »

J'envoyais un anneau du tuyau dans ce trou. Il le refaisait rouler vers moi, puis il annonçait un autre trou. Mes tirs devinrent d'une impeccable précision et très rapides. Quand nous repassâmes aux palets normaux, le caoutchouc fendait l'air comme un éclair.

Les autres garçons eurent vent de ce que je faisais et ils vinrent regarder. Finalement, ils se joignirent à moi et nous organisâmes des tournois. Chaque trou avait une valeur et nous faisions chacun vingt tirs de suite. Celui qui avait le plus de points gagnait. Je traversai cet été et l'automne sans jamais perdre. Et ces soirs-là, dans l'obscurité naissante, nous devînmes tous plus proches. Je cessai d'être le Zhaunagush. Je devins Saul Indian Horse, le jeune Ojibwé hockeyeur. Je devins un frère. Je me prélassais dans cette douce sensation de reconnaissance. Dans nos rires, dans notre camaraderie taquine et brutale, je trouvais une autre manifestation de cet esprit du jeu. Nous retournions au bâtiment principal pour le dîner en jouant des coudes, en nous bousculant, en nous donnant des petits coups. Enveloppés de l'aura de cette atmosphère de liberté que nous offrait ce sport, nous nous souriions par-dessus les hachis et les maigres ragoûts. Des frères. Réunis par la promesse de lames d'acier dessinant des arabesques sur la neige et la glace.

23

Lorsque vint l'hiver, nous avions tous un an de plus. J'avais presque treize ans. Notre équipe paraissait plus grande et plus puissante quand nous arrivions sur la glace. Le Père Leboutilier avait fait le tour des autres villes de la région et il avait amassé un assortiment dépareillé de vieil équipement. Nos chandails n'étaient pas tous assortis, ils étaient tachés, déchirés et effilochés.

« Dites donc, mon Père, vociféra quelqu'un depuis les estrades lors de notre première rencontre à domicile. Bonne blague. Sacrés chandails ! »

Les rires fusèrent de toutes parts. Mais ils cessèrent dès que la première ligne monta sur la glace. Les entraînements de l'été nous avaient tous rendus plus forts et plus rapides. Les autres garçons nous avaient souvent rejoints, le Père Leboutilier et moi, pour nos entraînements à la course à pied. Lancer les palets de fer sur le linoléum avait rendu nos tirs et nos passes plus puissants. Quand les garçons me demandaient comment je parvenais à faire certaines choses, comme m'arrêter sur un seul patin ou passer rapidement d'avant à reculons en patinant, ils écoutaient attentivement quand je le leur expliquais, puis ils s'y entraînaient avec zèle eux aussi. Nous étions dans une bien meilleure condition que les enfants de la ville. Nous apportions à présent à notre jeu une force tout en souplesse.

La vitesse que j'avais l'an passé avait été multipliée par dix. Au cours de ce premier match, un des joueurs de la ville prit le palet à notre défenseur et remonta seul la distance sur la glace. J'étais derrière leur but, mais je le rattrapai au moment où il atteignait notre ligne bleue. Je coupai devant lui en décrivant un grand cercle, ma crosse à plat sur la glace. Je dégageai le palet de sa crosse et commençai à patiner en sens inverse. Tout le monde, y compris mes coéquipiers, était sidéré. Je les dépassai en un éclair et j'arrivai seul, à toute allure, devant le gardien de but. Je fis un tir du poignet à partir du bord arrière du cercle de mise au jeu et je réussis à rentrer la rondelle tout en bas, près de sa palette.

Nous remportâmes ce match et les trois suivants. Après cela, certains hommes de la ville se présentèrent à l'école et demandèrent que je sois autorisé à jouer dans leur équipe midget. J'étais stupéfait. Tout comme le Père Leboutilier.

« Les joueurs de midget ont seize et dix-sept ans, leur répondit-il.

— Ce garçon est trop rapide pour les bantams et il est bien trop bon pour les peewees, dit l'un des hommes. Notre équipe midget est compétitive et il aurait sa place chez nous.

— Il n'a que treize ans, dit le Père.

— Il joue comme un garçon plus vieux et plus grand.

— Il a disputé son premier match l'hiver dernier.

— Ça ne se voit pas. »

Il fallut que l'école reçoive un don considérable pour que le Père Quinney accepte de me laisser jouer. Le Père Leboutilier m'accompagnait aux entraînements et aux matchs dans le vieux break que les sœurs utilisaient pour leurs courses.

« Ça me fait un drôle d'effet, dis-je un jour.

— Quoi, Saul ? demanda le Père.

— Le jeu.

— Comment ça ?

— Je ne sais pas. Ça me fait un peu peur de jouer en ville tout le temps. Comme s'ils attendaient de moi que je sois quelque chose que je ne sais pas être.

— Ils attendent que tu sois un bon joueur de hockey.

— Ouais. Mais j'ai l'impression qu'ils veulent davantage.

— Comme quoi, Saul ?

— Je ne sais pas. Je crois que c'est ça qui me fait peur. »

L'équipe de la ville était entraînée par Levi Deiter, qui tenait la quincaillerie. Mais le Père Leboutilier et moi continuions à pratiquer à la patinoire de l'école tous les matins. Il m'enseigna une vingtaine de façons différentes de faire un dégagement interdit, de sortir le palet de notre zone pour l'envoyer à l'autre bout de la glace quand la pression est trop intense. J'appris comment me faire des passes en me servant de la bande, à tricoter efficacement avec la rondelle si notre équipe était en infériorité numérique. Et il me montra comment suivre la bande avec le palet quand les joueurs convergent dans la même direction et comment utiliser mon corps comme levier même si j'étais plus petit que les joueurs en face de moi. Et il me montra comment encaisser une mise en échec sans cesser de patiner.

« Deux choses essentielles, garde toujours ta crosse sur la glace et n'arrête jamais de patiner », dit-il.

Le Père et moi découvrîmes des moyens de m'aider à reprendre mon souffle, conserver mon énergie et récupérer, tout en restant en mouvement et dans la partie. Je m'aperçus que je pouvais rester de plus en plus longtemps sur la glace. Je marquai quelques buts au cours de mes premiers matchs avec les Falcons de White River, mais ce furent mes passes qui retinrent l'attention du public. J'avais choisi le treize comme numéro parce que personne d'autre n'en voulait. Les gens assis sur les gradins n'apprirent jamais mon nom, mais je pouvais surprendre leurs commentaires depuis le banc.

« Ce numéro treize a des yeux derrière la tête. »

« Comment est-ce que le treize a su qu'il n'y avait personne à droite de Stevie ? »

« Le treize est bon, pour un Indien. »

Je disputai en tout dix matchs pour White River. Nous en remportâmes sept. Je marquai quatorze points lors de ces dix matchs, la plupart étaient des passes décisives que personne n'avait vues venir. Les cinq buts que je marquai furent tous sur des tirs du poignet. Les autres joueurs comptaient sur de foudroyants tirs frappés comme ils avaient vu faire Bobby Hull à la télé. J'admirais la puissance de Hull, mais je préférais la rapidité et la précision d'un bon tir de poignet.

Je me donnais entièrement au jeu. J'aimais discuter avec le Père Leboutilier dans ce vieux break, j'aimais l'odeur âcre de l'équipement, celle des crachats tout comme celle de la sueur, les jurons chuchotés tout comme les vociférations tonitruantes qui montaient depuis le banc. Je me repaissais du bruit des crosses qui frappaient la bande en guise d'applaudissement, des lames des patins qui martelaient le sol devant le banc au rythme d'un défilé militaire quand une action électrifiait l'équipe, ainsi que de la sensation des épais gants rembourrés qui ébouriffaient mes cheveux. Dans l'esprit du hockey, je croyais bien avoir trouvé une communauté, un abri et un refuge, loin de toute la noirceur et la laideur du monde.

Mais il s'avéra qu'au début des années soixante le monde du hockey était très fermé. Quand le Père Leboutilier arriva pour le onzième match, Levi Deiter nous attendait seul dans le hall de la patinoire. Il avait les mains dans les poches et il ne voulait pas me regarder dans les yeux. Il fit signe au Père Leboutilier et ils se retirèrent dans un coin près de la vitrine aux trophées. J'étais là, debout, mon sac à la main, à me demander quel était ce grand secret. Ils parlèrent un bon moment et je voyais bien que le Père s'énervait. Pour finir, il posa une main sur l'épaule de Levi Deiter. Quand Deiter releva la tête, je vis qu'il avait les larmes aux yeux et, embarrassé, je regardai mes pieds. Le Père Leboutiler, les lèvres pincées, marcha lentement jusqu'à moi.

« Est-ce que le match a été annulé ? demandai-je.

— Il n'y a pas de match, Saul », répondit doucement le Père. À ce moment précis, mon ailier droit passa à côté de nous, son sac d'équipement à la main.

« Mais Jimmy est là.

— Je sais, mais il n'y a pas de match pour toi. Ils ne veulent plus que tu joues, Saul.

— Quoi ? Je suis le meilleur joueur qu'ils aient.

— Je sais. C'est pour ça qu'ils ne veulent pas que tu joues.

— Je ne comprends pas.

— Les parents des autres joueurs veulent que leurs enfants jouent.

— Mais ils jouent.

— Oui, mais ils ne sont pas aussi souvent sur la glace que toi. »

Derrière la vitre du hall, je fixai la glace éblouissante et les rangées de sièges vides. D'autres joueurs entraient d'un pas nonchalant, mais quand ils me voyaient, ils baissaient les yeux et accéléraient le pas. Le Père Leboutilier et moi restâmes là, entourés du ronronnement du chauffage, des cris et des taquineries des joueurs dans le vestiaire, du crissement des pneus sur la neige quand les voitures s'arrêtaient dehors. Finalement, il me posa une main sur l'épaule et me guida à l'extérieur. Je restai debout dans le froid à côté du break pendant qu'il jetait mon sac à l'arrière. Je ne pouvais détacher les yeux du stade de glace. Nous n'échangeâmes pas une parole de tout le trajet jusqu'à l'école avant d'être presque arrivés. Je regardais les champs vallonnés tout blancs, parsemés de taillis d'arbres et de fourrés.

« C'est parce que je suis Indien, c'est ça ? »

Il conduisait, les deux mains sur le volant, le regard fixé droit devant lui.

« Oui, dit-il.

— Est-ce qu'ils me détestent ?

— Ils ne te détestent pas, Saul.

— Bon, alors quoi ?

— Ils croient que ce jeu est à eux.

— Et c'est le cas ? »

J'entendais nos pneus craquer sur la glace de la route.

« C'est le jeu de Dieu, répondit-il.

— Alors, il est où Dieu, maintenant ? » demandai-je.

Il agrippa encore plus fort le volant tandis que la façade de St Jerome's se profilait sur la crête du versant.

24

Je passai le reste de l'hiver à patiner avec les garçons de l'école. Nos matchs étaient rapides, mais désordonnés. J'envoyais à un ailier traînard le palet qui restait à tourner sur lui-même. Ou bien je me précipitais vers les buts et je voyais le gardien renoncer dès que j'avais franchi la ligne bleue. Le Père Leboutilier et moi regardions encore les matchs à la télé chez lui, et il continuait à me montrer des choses. Chaque fois que j'étais seul sur la glace, je mettais en pratique ces choses en les répétant à l'infini. Le Père me rejoignait parfois. Il était le seul à vraiment pouvoir me défier. Quand l'hiver commença à laisser la place au printemps, je me sentis anéanti.

Mais un jour, alors que l'équipe faisait un match d'entraînement, en levant les yeux j'aperçus un homme debout près de la bande avec le Père Leboutilier. Il m'observait attentivement. Il était Ojibwé. Je le voyais aux traits de son visage et au volume de sa cage thoracique. Je jouais ce match d'entraînement comme s'il devait être le tout dernier, parce que je ne savais pas ce qu'apporterait l'hiver suivant. Alors je patinais avec toute la joie que j'avais en moi. Je virevoltais et j'accélérais avec le palet. Je hurlais d'allégresse. Vers la fin, je filai aussi vite que je pus sur tout le périmètre. Quand le Père Leboutilier siffla l'arrêt de la partie, il me fit signe de le rejoindre sur le bord de la bande.

« Beau jeu, dit l'homme qui se tenait auprès de lui. Fred Kelly. »

Il ôta sa mitaine et nous nous serrâmes la main.

« Mr. Kelly a une équipe de tournoi, Saul. À Manitouwadge, dit le Père Leboutilier.

— Les Moose, dit Fred.

— C'est quoi, une équipe de tournoi ? » demandai-je.

Fred Kelly se pencha vers moi. Il plissait les yeux à cause de la réverbération du soleil sur la glace et il me montra la bande d'extrémité. Le grillage avait commencé à se distendre à cause des tirs frappés déviés qu'il avait reçus tout l'hiver.

« Nous disputons des tournois entre équipes autochtones. Chaque réserve dans tout notre territoire a une équipe, et nous jouons sur des patinoires en plein air, exactement comme celle-ci. Chaque week-end de l'hiver, jusqu'à la débâcle, ou jusqu'au moment où nos avants commencent à devoir remplacer les patins par des palmes. »

Il rit – un grand éclat viril qui jaillit tout simplement de lui.

« En tout cas, on aime le hockey. Le problème, c'est que les équipes des villes industrielles ne veulent rien avoir à faire avec nous. Elles ne veulent pas jouer contre nous, même si on est à la hauteur. Nos gars n'ont pas non plus l'occasion de jouer dans leurs ligues.

— Parce qu'elles croient que ce jeu est à eux », dis-je.

Kelly cracha du jus de tabac sur la glace. Il regarda le Père Leboutilier en plissant les yeux et fit une grimace.

« Ouais, dit-il. C'est plutôt ça.

— J'en sais quelque chose.

— Le Père m'a raconté. Avec ce que j'ai vu ici, je ne suis pas étonné qu'ils aient peur de te laisser jouer. »

J'attendais qu'il continue. Apparemment, il n'y avait rien que je puisse dire.

« Quand ils sont assez vieux, et s'ils sont assez bons, nos gars peuvent rejoindre l'équipe qui se déplace. Les Moose. Ils ont presque tous dix-sept, dix-huit ans et ils jouent au hockey, niveau Junior. Du hockey rapide et dur. Les réserves sont très fières de leurs équipes. Elles mettent également un point d'honneur à être de bons hôtes, si bien qu'il y a toujours un lit chaud et de la bonne nourriture. Nous sommes hébergés par les familles. Même s'il fait moins quarante-cinq, il y a foule pour assister au match. C'est rude de jouer dans le vent et la neige, mais si tu aimes autant ce jeu que nos gars, tu sauras tout affronter. Actuellement, il nous manque un centre sur la troisième ligne. Je me demandais si tu accepterais de venir jouer avec nous ? »

J'étais abasourdi. Je ne pus que rester bouche bée.

« Saul, Fred a vécu ici, à l'école, pendant huit ans. Tout comme sa femme, Martha, dit le Père Leboutilier. Je lui ai écrit après que la ville t'a interdit de jouer. Fred veut que tu ailles vivre dans sa famille et que tu joues pour les Moose, pour jouer avec une véritable équipe dans laquelle le jeu pourra te stimuler. Est-ce que ça te plairait ? »

J'avais l'impression que le monde avait quitté son orbite. Je ne trouvais aucun mot.

« Les Kelly seraient tes tuteurs légaux, Saul. Ce qui signifie que tu pourrais partir d'ici pour aller à Manitouwadge et fréquenter une école normale. Tu aurais un foyer, Saul. Un vrai foyer.

— Je pourrais jouer au hockey ? » Ce furent les seules paroles que je parvins à faire sortir.

« Autant que tu pourras, dit Fred.

— Et si je ne suis pas assez bon ? »

Fred se remit à rire et me donna une petite tape dans le dos.

« Je ne crois pas que ce soit une chose dont tu aies jamais à t'inquiéter. »

La Sœur Ignacia s'opposa violemment à cette idée.

« Le livrer à l'influence d'un jeu sans âme n'est pas ce qui nous a été ordonné de faire ici, dit-elle.

— Mais ce jeu lui offre la chance de connaître une vie meilleure. Il a un incroyable talent inné. Ça pourrait le mener loin, dit le Père Leboutilier.

— Ce jeu est sauvage. Nous avons été envoyés pour arracher ce qu'il y a de sauvage en eux.

— Je croyais qu'on attendait de nous qu'on propose des conseils et les moyens d'accéder à une vie meilleure.

— Vous êtes naïf.

— Peut-être. Mais il bénéficiera d'un bon foyer et d'une bonne éducation. Nous aurons rempli notre mission. »

Ce fut le Père Quinney qui, en dernier ressort, rendit la chose possible. Il avait gardé le silence pendant tout le temps où la Sœur Ignacia et le Père Leboutilier s'étaient renvoyé la balle. Puis il se leva, se dirigea vers la fenêtre et resta là, les mains serrées dans le dos. Quand il se retourna pour nous faire face, il avait l'air pensif.

« Notre-Seigneur accomplit des miracles de façons bien particulières. Étranges pour certains. Parfois carrément bizarres. »

Il revint à son fauteuil pour éplucher les documents de tutelle.

« Je ne sais pas pourquoi Dieu a choisi de faire don à ce garçon du talent qu'il a. Mais j'ai moi-même été témoin de ses aptitudes. Cette passe qu'il a faite du revers à l'ailier démarqué au milieu de trois paires de jambes et des crosses au cours de ce dernier match avec White River, c'était un petit miracle. »

Il sourit à l'évocation de ce souvenir. La Sœur Ignacia prit un air renfrogné. Le Père Quinney disposa les documents devant lui.

« À notre connaissance, le garçon n'a pas de famille. Il s'est avéré être un élève discipliné, un lecteur assidu. L'empêcher de développer un don par nature divin serait contre-productif par rapport à ce que nous avons pour tâche d'accomplir. Est-ce que tu veux y aller, Saul ? Est-ce que tu tiendras compte de ce que les Kelly te demandent ? Est-ce que tu feras honneur à la voie qu'ils t'offrent comme tu ferais honneur à la nôtre ? »

Je passai en revue du regard tous ces visages adultes, m'attardant sur celui du Père Leboutilier. On ne m'avait jamais demandé de choisir auparavant.

« D'accord, dis-je. Je vais y aller. »

Je sortis de cette pièce pour retourner au dortoir une dernière fois afin de rassembler les quelques affaires que j'appelais mes biens. Je sentais déjà St. Jerome's perdre son emprise sur moi. J'avais presque quatorze ans. J'étais libéré. Mais j'étais effrayé aussi, et je me déplaçais dans ces couloirs obscurs en éprouvant une chose proche du regret. C'était le seul lieu que je connaissais depuis cinq ans. Et j'allais abandonner le Père Leboutilier.

La plupart des enfants travaillaient à cette heure. Personne n'était là sauf une fille, que je ne connaissais pas, en train de laver les murs à l'éponge. Elle avait neuf ans, peut-être dix, mais le sarrau qui pendouillait jusqu'à ses genoux, ses bas sombres et ses chaussures informes lui donnaient des allures de vieille femme. Je toussotai et elle me regarda un instant. Rien sur son visage ne montrait qu'elle me reconnaissait, aucune expression sinon la soumission. Lorsque je fis un petit mouvement de la main, elle releva le menton d'un pouce, à peu près, m'observa avec des yeux noirs et vides, puis se baissa pour de nouveau essorer son éponge.

Je descendis les escaliers avec le petit sac de toile contenant mes affaires, puis j'allai dans l'entrée, où attendaient Fred Kelly et le Père Leboutilier.

« Je suis prêt », dis-je.

Quand nous arrivâmes à la voiture de Fred Kelly, le Père détourna les yeux en direction des arbres au bout du champ. Je le vis faire un effort pour avaler sa salive avant de me faire face. Je ne savais pas quoi faire d'autre que tendre la main. Le Père Leboutilier me la serra fermement, puis m'attira contre lui. Je sentis sa main tenir ma tête.

« Que Dieu t'accompagne », murmura-t-il.

25

Manitouwadge en ojibwé signifie « Grotte du Grand Esprit ». Ça paraissait drôle, parce que c'était l'industrie minière qui faisait vivre la ville. À Manitouwadge, tout le monde travaillait dans les mines ou dans les moulins à scie, et Fred Kelly avait amené sa famille ici depuis la réserve de Pic River afin de rejoindre les trente autres familles ojibwés qui vivaient dans un quartier de la périphérie, que les locaux appelaient Indian Town. Ses habitants l'appelaient Rez, la réserve. J'allais assez vite apprendre qu'une ligne invisible était tracée à l'intersection de Sanderson Road et de Township Road Eleven, la route cantonale 11, et tout le monde considérait qu'elle relevait de la géographie locale. La ville elle-même était peuplée d'hommes durs à l'esprit étriqué, de leurs loyales épouses et de leurs enfants mal dégrossis, tout ce qu'il y avait de chahuteur et d'effronté. C'était un endroit où, le samedi soir, on se battait sur le parking devant le Merle's Old Time Saloon, où on dansait de fougueuses danses folkloriques au Legion Hall, le local des anciens combattants, où on avait des bateaux de pêche sportive, des motoneiges, des motos, et où on pratiquait des jeux de hasard, comme

Broom-a-Buck, ce jeu de péquenaud qui consiste à se pencher à la vitre d'une voiture ou d'un camion pour frapper des Indiens sur le trottoir ou sur la route. Cinquante points si tu touches la tête. Vingt pour une autre partie du corps. J'allais apprendre tout cela plus tard. En ce premier jour, à la fin de l'hiver 1966, tout ce que je voyais était une ville détrempée par les suintements grisâtres de la débâcle printanière.

La patinoire en plein air, derrière la maison de Fred Kelly, avait presque disparu, mais c'est la première chose qu'il me montra. Son jardin était immense, se terminant sur un affleurement de granite rose, et la patinoire était d'un grand format. La voir apaisa un peu la douleur que je ressentais dans ma poitrine.

Une grande femme élancée arborant un large sourire ouvrit la porte de derrière ; elle était debout, les bras autour d'elle et se balançait d'un pied sur l'autre dans la brise glaciale.

« Fred, pour l'amour du Ciel. Ce garçon a plus besoin de nourriture que de hockey. Fais-le entrer pour que nous fassions mieux connaissance. »

Fred rit et me poussa doucement en direction de la maison.

« La première règle de Ma, c'est la nourriture. Il faut dire qu'elle cuisine à merveille. »

La maison était pleine de monde. Les Kelly avaient trois fils. Garrett et Howard étaient mariés et ils étaient là avec leurs femmes et leurs enfants. Le plus jeune, Virgil, était un balèze de dix-sept ans. Quand Fred me présenta, Virgil fronça les sourcils de façon amicale et m'examina de la tête aux pieds.

« Plutôt petit, dit-il en me serrant la main.

— Il joue comme un plus vieux et plus grand, dit Fred.

— Il va falloir. »

Virgil était le capitaine des Moose.

« C'est un peu comme être un chef, dit-il. Tout ça, c'est une affaire de famille et de gens que tu connais. Garrett était capitaine avant moi. Il a un peu perdu la forme. Les gars ? Ils ne vont pas t'accepter d'emblée.

— Pourquoi ? demandai-je.

— Deux raisons », répondit-il.

Nous étions alors assis à la table de la cuisine devant notre soupe et notre bannique, de la vraie nourriture que je mangeais avidement.

« La première, c'est que tu n'es pas d'ici et que tu prends la place d'un autre. La seconde, c'est que tu es un nabot de petit avorton et qu'ils vont croire qu'ils doivent te protéger, te défendre.

— Absolument pas, dis-je.

— Ça, tu vas devoir le prouver. Mon père dit que tu as un jeu d'enfer, mais ça aussi, ils vont te forcer à le prouver. Ça ne va pas être facile. »

Après cela, nous mangeâmes en silence. Quand le repas fut terminé, Martha m'accompagna à ma chambre et nous allâmes faire des courses pour m'acheter des vêtements. Jamais personne n'avait dépensé d'argent pour moi, et ça faisait bizarre de se tenir devant des miroirs, de sentir la raideur d'un pantalon neuf sur mes jambes et les chemises neuves impeccables autour de mon cou. Fred m'emmena au magasin de sport à côté et m'acheta mon premier équipement. Désormais, j'avais des patins qui m'allaient. J'avais une crosse parfaitement à ma taille et un équipement qui ne pendouillait pas sur moi. Je crevais d'impatience d'aller sur la glace et de voir ce que ça faisait d'avoir une tenue adaptée.

Nous fîmes notre premier match d'entraînement le soir même. Assis dans la cuisine des Kelly, je regardai arriver mes nouveaux coéquipiers, tous énormes, qui franchissaient, l'un après l'autre, la porte d'entrée. C'étaient encore des enfants, mais on aurait dit des hommes. Sérieux. Graves. Déterminés. Personne ne me regarda. Ils se contentèrent de dire bonjour à la famille et ressortirent par la porte de derrière pour aller dans la petite remise que Fred avait équipée d'un poêle à bois. Je m'y rendis en compagnie de Virgil.

La patinoire était éclairée par des guirlandes d'ampoules électriques. La glace se terminait brusquement dans l'ombre, les bosses des rochers et les grands arbres dégarnis formaient une étrange toile de fond. Il faisait chaud à crever dans la remise à cause du feu infernal dans le poêle. Derrière l'odeur de transpiration et de cuir, il y avait la puanteur du liniment et un puissant mélange de pets, de tabac et de chewing-gum. Le sol était recouvert d'un épais revêtement en caoutchouc et il était jonché des tenues et de l'équipement des hockeyeurs. Les joueurs étaient à divers stades de leur déshabillage. Caleçons longs, chaussettes de hockey, coquilles, épaulières. Je les regardais se préparer. Le mouvement des mains qui fouettaient les tibias pour bien mettre en place les jambières. Les poings enfonçant les protections pour qu'elles tiennent. Les grimaces en serrant les lacets des patins. Les gardiens allongés à plat ventre sur le sol pendant que les autres joueurs attachaient leurs protections à l'arrière de leurs jambes. Les Moose étaient semblables à des soldats s'armant pour la bataille, et j'étais là, mon nouveau sac d'équipement à la main, d'abord incapable de bouger. L'énergie qu'ils dégageaient dans cette petite cabane était comme une batterie d'artillerie prête à exploser.

« Qui a de la bande adhésive ?

— Saletés de coudières. Il m'en faut des neuves. Celles-là ne tiennent pas en place.

— Cloue-les un bon coup sur toi. T'es défenseur.

— Cinq dollars le premier but.

— Argent facile. »

Tandis que je me faufilais dans un coin sur un banc à côté de Virgil, je vis que certains joueurs jetaient un coup d'œil dans ma direction. Personne ne dit mot, toutefois. Au lieu de cela, ils parlaient entre eux. Murmures. Ronchonnements. Jurons. Quand un joueur était prêt, il traversait le sol de caoutchouc et sortait dans l'air froid du soir. Quand j'eus serré les lacets de mes nouveaux patins aussi fort que je le pouvais, je mis de la toile adhésive autour de ma crosse et je me levai pour la tester en appuyant dessus de tout mon poids et en courbant le manche. Fred Kelly entra et me lança un chandail.

« C'est le mien, dit-il. Je le portais quand j'ai débuté avec les Moose. »

Il m'aida à l'enfiler par-dessus mes épaulières.

« Merci, dis-je.

— Quand tu seras là-bas, Saul, je veux que tu n'en fasses pas trop. Ne précipite pas les choses. Étudie ce qui se passe. Apprends ce que tu peux sur la manière dont ces gars se déplacent, sur ce qu'ils aiment faire avec le palet, sur leur façon de travailler ensemble, sur leurs points les plus faibles, ceux sur lesquels ils peuvent être battus. Pour commencer, ils vont te taquiner. Ils vont se moquer de toi. Certains vont peut-être même te pousser à bout. Mais prends le temps dont tu as besoin. Puis, quand tu te sentiras prêt, rejoins-les. Compris ?

— Ouais, dis-je.

— Nerveux ?

— Un peu.

— Bien. Allons-y. »

Je me tins devant la porte ouverte de la patinoire, impressionné par la taille et la vitesse de mes coéquipiers. Je sentais le vent qu'ils provoquaient pendant qu'ils faisaient des tours pour s'échauffer me fouetter le visage. Je glissai vers l'extérieur, trop intimidé pour aller plus avant. L'un d'eux me heurta en passant, je virai, tournai et tombai sur un genou. Tout le monde rit. Je sentis le rouge me monter aux joues tandis que j'étais là et je commençai à patiner à l'intérieur, loin de la bande. Virgil passa tout près de moi.

« Patine », siffla-t-il.

Je pris mon élan et augmentai ma vitesse progressivement, en observant l'équipe comme Fred l'avait suggéré. Les joueurs étaient puissants, mais c'était uniquement leur force qui donnait à la plupart l'essentiel de leur élan, pas leur capacité à patiner. Quand ils augmentaient la cadence, leurs lames produisaient un bruit caractéristique sur la glace. Néanmoins, c'étaient les joueurs les plus rapides et aux mouvements les plus fluides que j'aie rencontrés. Je voyais qui tournait le mieux sur sa gauche, qui sur sa droite. Je voyais qui se penchait trop sur ses genoux pour faciliter le maniement du palet. Finalement, je me dirigeai vers l'extérieur et patinai avec les autres. Mais je n'étais toujours pas à plein régime.

Quand le match d'entraînement commença, je me tins de nouveau à côté de la bande et j'observai. Les autres me jetaient des regards curieux. J'étais trop attentif au jeu pour m'en soucier. L'équipe déplaçait le palet bien plus vite et plus fort que je ne l'avais vu auparavant. Ils se tenaient serrés et le jeu s'écoulait sur la glace dans un sens et dans l'autre avec une netteté mesurée, calculée. Mais bientôt, je fus capable de comprendre l'enchaînement de leurs mouvements, de voir où le jeu irait et comment tel ou tel joueur réagirait alors. Quand je finis par passer devant Fred Kelly sur l'aile droite, il me sourit et approuva d'un signe de tête. Je fis demi-tour et entrai dans le jeu.

Ils vinrent aussitôt sur moi. Ma tête était à hauteur de poitrine de la plupart des joueurs et ils m'écartaient de leur chemin. Quand j'essayais d'avancer, ils m'en empêchaient avec leurs crosses. Ils accrochaient mon chandail. Ils étaient incroyablement forts. Ils me faisaient trébucher et ils riaient quand je me retrouvais étendu de tout mon long sur la glace. Ils me poussaient dans la bande et m'y maintenaient à l'aide de leur masse. Mais dans tout cela, il y avait des enseignements. Ils me montraient ce que j'allais affronter, et je laissai le jeu pénétrer en moi. Je gardai mes distances et j'attendis.

Personne ne me faisait de passe, alors quand le palet partit dans le coin et que trois joueurs luttèrent le long de la bande pour en prendre possession, je me lançai et dégageai le palet du bout de ma crosse. Je fis demi-tour sur un patin, accélérai et me retrouvai soudain au milieu de la glace devant mon propre but. Je pris mon rythme, traversai jusqu'à la bande opposée et remontai la glace. Virgil, au bout de l'aile droite, frappa la glace de sa crosse pour que je lui fasse une passe. J'attendis. Quand je passai la ligne rouge et que j'approchai la ligne bleue, le plus gros défenseur des Moose se mit en travers de mon chemin. Alors qu'il avançait pour essayer de me prendre le palet, je vis Virgil s'orienter vers le trou qu'il avait créé. Je parvins à passer le palet sous la crosse tendue du défenseur. La glace était dégagée pour Virgil. Il plaça le palet dans le coin inférieur du filet, du côté de la crosse.

Je patinai jusqu'au banc et m'assis.

« Belle passe, dit Virgil.

— Essaie encore une fois cette saloperie, gamin », dit le défenseur, amer, quand il passa devant nous. Fred Kelly souriait derrière la bande.

Après un coup de sifflet, je me mis en position pour faire la mise au jeu. Je la perdis, mais le palet avait peu de vitesse, je l'interceptai et en trois coups de patins, j'étais parti. Je savais que la défense essaierait de me la piquer au centre, alors, je me dirigeai droit sur eux. Quand ils s'engagèrent, je me penchai sur mes lames et virai brusquement, le palet au creux de ma crosse. Un autre attaquant de chez nous arriva à toute vitesse dans l'espace libre de l'autre côté. Je lui fis une passe sur la palette, comme en entraînement, puis il était parti et hors d'atteinte. Il ne parvint pas à marquer, mais je récupérai le rebond de son lancer frappé. J'étais à douze pieds du filet et à mesure que je réduisais la distance m'en séparant, j'allai à droite, puis je revins rapidement à gauche et je décochai un tir juste sous la barre transversale. De frustration, les défenseurs frappèrent la glace de leurs crosses.

Tandis que je repartais en direction du banc, toute l'équipe me dévisageait. Virgil me donna un petit coup de crosse sur les jambières. Les autres restèrent où ils étaient et, au moment où je m'effondrai sur le banc, il y eut quelques légers murmures d'appréciation.

Après cela, les choses devinrent plus difficiles. Chaque fois que je touchais la rondelle, il y avait quelqu'un sur moi. Ils se servaient de leur taille pour me bloquer le passage. Ils me poussaient dans la bande et m'y retenaient de tout leur poids et toute leur masse. Ils frappaient ma crosse avec les leurs ou ils soulevaient ma palette en glissant les leurs sous la mienne. Ils me firent travailler plus dur que je n'avais jamais eu à le faire. Pendant un moment, ils bloquèrent complètement mes mouvements, ce qui m'énerva et m'enragea. Ils sifflaient quand je m'asseyais sur le banc et me huaient quand ma progression était arrêtée quelque part sur la glace. Mon corps me faisait souffrir, mais ma fierté me faisait souffrir davantage.

Finalement, cela fit de moi un meilleur joueur. Au lieu de suivre le jeu où je pouvais me faire cogner et tourmenter, je m'en écartais car ils n'allaient pas s'éloigner du palet pour me suivre. De là, je pouvais augmenter ma vitesse. J'entrai en action et ils ne purent ni me frapper ni me retenir parce qu'ils ne purent pas m'attraper. Je tournai et dansai et filai avec le palet. Je ne marquai pas d'autre but, mais je fis trois ou quatre passes impeccables qui permirent à d'autres de marquer. Je ne pris pas non plus d'autre coup. Il n'y avait pas de peur en moi. Il n'y avait pas d'angoisse. Il n'y avait que la magie de ce sport.

Quand le sifflet retentit, l'équipe se rassembla sur le bord de la bande, au plus près de la cabane. Ils étaient appuyés sur leurs crosses et leur respiration dessinait de grands nuages blancs dans le froid mordant. Fred Kelly se tapotait la cuisse avec un porte-bloc et regardait dans la direction où je me trouvais, près du filet, ne sachant trop ni quoi faire ni où aller. Finalement, Virgil frappa la glace de sa crosse et s'écarta pour me laisser une place. Tous les autres se déplacèrent. Je patinai lentement vers eux, me glissai dans cet espace et Fred commença à parler. Il nous signala les choses auxquelles il voulait que nous soyons attentifs. Il parla à des joueurs précis de tactiques précises. Quand il arriva à moi, il se contenta de sourire.

« Bienvenue chez les Moose », dit-il.

Virgil me donna une claque dans le dos et, durant quelques secondes, tous donnèrent des petits coups rapides sur la glace à l'aide de leurs palettes, puis nous marchâmes à pas lourds dans la neige jusqu'à la cabane.

Nous nous assîmes devant la chaleur cuisante du poêle, des serviettes drapées autour du cou, des gouttes de sueur formant une mare sur l'épais revêtement en caoutchouc. Mes coéquipiers aspiraient avidement avec leurs pailles du soda et de l'eau. Ici et là, quelqu'un allumait une cigarette. Des patins et d'autres pièces de notre équipement tombaient sur le sol. Ils étaient assis, plus ou moins déshabillés. Des garçons, presque des hommes, alanguis, avachis et décontractés à présent. Virgil me tendit un soda, je soulevai la bouteille et bus une longue gorgée. La sensation et le goût étaient sublimes. Quand je la reposai sous le banc et me redressai pour ôter mon chandail, ils levèrent en silence leurs bouteilles à ma santé et burent. Personne ne prononça une parole. C'était inutile. J'enlevai mon chandail et restai assis à humer l'atmosphère de cette petite cabane en bois. J'étais un Moose.

26

Les Moose se rendaient aux matchs dans deux fourgonnettes délabrées que les talents de mécanicien de Virgil maintenaient en état de marche. Les horaires de travail de Fred faisaient qu'il lui était presque impossible de nous accompagner aux matchs, c'était donc Virgil qui faisait ça en plus de son rôle de capitaine de l'équipe. Notre équipement était chargé sur le toit. Nous étions entassés à l'intérieur, sauf Virgil, qui conduisait, et le passager sur le siège avant. Nous somnolions dans des odeurs de pieds et d'haleine acide, des bruits de ronflements, au cours de ces longs trajets dans le Nord, dans l'obscurité la plus totale, dont certains faisaient trois cents miles, voire davantage. Nous survivions de fruits, de plaques de chocolat et de sandwichs préparés par une mère ou une petite amie. En tant que nouvelle recrue, c'était à moi de sortir les déchets de l'intérieur de la fourgonnette à chaque arrêt. Nous partions le vendredi soir, dès que la sirène retentissait dans les moulins à scie ou dans les mines pour annoncer la fin de la journée de travail. Dans la lumière déclinante du soleil, nous suivions l'indistinct renflement blanc des congères sur le bas-côté de la route jusque dans la forêt nordique.

Parce que j'étais le plus petit de l'équipe, je me retrouvais toujours écrasé entre deux joueurs plus costauds. Ils tiraient au sort pour savoir qui allait s'asseoir à côté de moi : j'occupais moins d'espace, en conséquence, ceux entre lesquels j'étais avaient plus de place pour prendre leurs aises. Souvent, pendant que les autres dormaient, je regardais défiler le paysage par la vitre. Certaines nuits, on voyait la lune et les ombres qu'elle créait étaient spectaculaires. Les arbres devenaient des créatures aux bras multiples envahissant la route. Les lacs étaient des plats aux reflets phosphorescents. Les crêtes et les escarpements étaient des forteresses couronnées de neige. Les rivières étaient des rubans sinueux d'un noir encore plus profond. J'en aimais le moindre détail. J'avais complètement fait le deuil de ma jeune vie, de ces jours passés dans la nature avec ma famille. Mais j'étais parfois empli de tristesse lorsque nous roulions dans la nuit.

Que notre destination soit Gull River, Longlac, Red Rock, Whitesand ou Ginoogaming, nous étions accueillis dans la communauté et logés dans des familles qui prenaient bien soin de nous. Quelquefois, cinq ou six joueurs se retrouvaient au milieu d'une famille de douze personnes dans une petite maison à clins, typique des réserves, corps étendus autour du poêle à bois ou disposés en rangées dans toute la pièce principale. Ils nous servaient du lapin, du castor et de l'orignal. Quand arrivait le moment de jouer, nous marchions tous d'un pas lourd dans la neige jusqu'à la patinoire. Parfois, nous jouions sur les rivières, les lacs ou les étangs. Le plus souvent, les patinoires étaient installées derrière le bureau du conseil de bande ou le centre communautaire. Il y avait toujours une cabane en bois que les deux équipes partageaient pour se mettre en tenue. Ces cabanes étaient incroyables. Éclairées par des ampoules électriques aveuglantes et chauffées par des poêles dont le tuyau sortait par un trou dans la toiture, elles avaient des planchers en contreplaqué, si usés par les patins qu'on pouvait voir le sol à travers. Les bancs devaient être remplacés tous les ans, parce qu'il y avait toujours quelqu'un qui était parti avec ceux de l'année précédente afin d'en faire du bois de chauffage. Quand nous descendions lourdement les rampes d'accès en contreplaqué pour aller sur la glace, nos patins résonnaient comme un grondement de tonnerre sur toute l'étendue blanche du panneau. Partout où nous allions, les patinoires se ressemblaient. Bande en bois, contreventée par des madriers de deux pouces par quatre. Grillage tendu d'une extrémité à l'autre derrière les filets. Trois ou quatre guirlandes d'ampoules électriques suspendues au-dessus des lignes bleues et de la ligne rouge, avec parfois un autre éclairage extérieur fixé sur un poteau électrique. De temps à autre, il y avait des gradins, mais la plupart du temps la foule s'entassait, épaule contre épaule, autour du périmètre, baissant la tête quand le palet passait par-dessus la bande. Mais la glace était toujours lisse et bien entretenue. Chaque communauté d'accueil en prenait le plus grand soin. Les gens adoraient ce sport. Il pouvait bien faire moins trente, avec un vent fouettant la patinoire et piquant les yeux, ils étaient toujours là, à trépigner et à se coller les uns aux autres comme des pingouins. Ils restaient jusqu'à la fin du match, puis ils se précipitaient dans la salle communautaire ou la maison la plus proche pour se réchauffer avant que ne commence le match suivant. C'étaient les supporters les plus durs à cuire et les plus fervents qu'on puisse vraiment espérer avoir. Pour eux, nous nous donnions de tout notre cœur.

Ces matchs étaient des compétitions fougueuses et des exploits physiques exténuants. Les Blancs nous avaient refusé le privilège des stades de glace couverts, le confort des vestiaires chauffés, les stands d'alimentation, les patinoires entourées de baies vitrées au-dessus des bandes, les tableaux d'affichage et même un banc pour les joueurs. Nous restions debout derrière la bande, à taper des patins dans la neige pour nous réchauffer les pieds. Les jours les plus froids, nous allions à tour de rôle dans la cabane pour y récupérer un peu de chaleur, ne laissant sur la glace que les six joueurs de chaque équipe. Les gardiens aussi jouaient à tour de rôle. Mais nous disputions chaque match jusqu'au bout. Jamais un match ne fut annulé pour cause de mauvais temps. Nous patinions dans le blizzard, les grands froids arctiques et les soudains dégels qui rendaient la glace molle comme du beurre. Le jeu nous rapprochait d'une façon à nulle autre pareille, et les joueurs, tout comme les supporters, se blottissaient les uns contre les autres quoi que l'hiver réserve. Nous nous réjouissions à chaque but, chaque mise en échec, chaque passe. Parfois, il y avait des bagarres comme il y en a si souvent dans ce sport, mais il n'y avait jamais de hargne, elles n'allaient jamais au-delà de la mise au jeu suivante. Nous venions de nations de guerriers et jeter les gants et les crosses par terre, donner de violents coups de poing et se battre étaient un prolongement de cette identité. Quand une bagarre se terminait, les deux joueurs se serraient la main. La foule les acclamait, applaudissait, tapait des pieds, et le match reprenait.

Partout où nous allions, j'étais accueilli avec des rires, parce que j'étais si jeune et si petit. Nous disputâmes cinq matchs à la fin de ce premier hiver. Au début de chacun d'eux, je restai en retrait, comme me l'avait demandé Fred Kelly. Mais quand j'en avais vu suffisamment, je me lançais et les rires cessaient. Le niveau de ces équipes plus imposantes et meilleures ne me paralysait pas. Au contraire, il me poussait à toujours mieux faire. À la fin de ce premier hiver, j'étais un élément indispensable des Moose.

« Notre arme secrète », disait Buddy Black Wolf.

« Un sac d'os. » C'est ainsi que me décrivait Ervin Ear. « Mais rapide. »

27

Dans le Nord, chaque réserve avait une équipe. Les jeunes Indiens grandissaient dans ces communautés en sachant qu'ils pourraient porter le chandail de leur réserve quand ils seraient assez grands et assez bons. Chaque fois que je voyais des jeunes se lancer à la poursuite d'une balle ou d'un bout de tuyau rempli de terre, sur des patins en piteux état et avec des crosses cassées, ça me rappelait les crottins de cheval et les crosses de hockey que j'enfouissais dans une congère, et je souriais. Les équipes étaient la fierté et la joie de leur communauté. Nous payions environ dix dollars chacun pour participer à ces tournois et l'équipe victorieuse repartait dans sa réserve avec une petite somme d'argent. Pour l'essentiel, on gagnait assez pour couvrir les frais de carburant du retour et les gens étaient contents comme ça. La première rencontre avait lieu le vendredi soir tard, dès que les premières équipes arrivaient, et il y en avait toute la journée du samedi. La finale avait lieu de bonne heure le dimanche matin afin que chacun puisse rentrer chez soi et être prêt pour reprendre le travail le lendemain. Tout le monde restait pour voir le résultat final. Tout le monde voulait participer à la célébration de fin de match. Nous vivions pour ce moment où nous nous sautions tous dans les bras, pour les hurlements, les applaudissements et le tumulte qui saluaient les vainqueurs, quels qu'ils soient.

La première partie du retour était très animée. Nous nous remémorions chaque présence sur la glace, chaque passe, chaque but et chaque attaque. Nous nous taquinions pour avoir perdu le palet ou avoir été mis en échec. Nous riions d'absences de jugement ou d'incidents inattendus. Nous nous congratulions pour les choses que nous avions bien faites. Quand finalement nous tombions de sommeil, c'était pour rêver de hockey. C'était la même chose pour toutes les équipes, je pense. Nous nous retrouvions tous les week-ends avec la même excitation, à attendre le soulagement qui suivait le moment où les lames de nos patins touchaient la glace. La patinoire était le lieu où nos rêves prenaient vie.

On ne pouvait pas vraiment appeler cela une ligue. Mais il y avait un réseau unissant toutes les réserves du Nord et chaque capitaine d'équipe se sentait responsable de faire savoir, avant le gel, la date à laquelle sa communauté accueillerait son tournoi. L'information circulait par radio mocassin. Le printemps, l'été et l'automne étaient les périodes où les joueurs s'entraînaient, couraient, faisaient de l'haltérophilie afin de préparer leurs corps pour la saison à venir.

Nous étions des vagabonds du hockey, chaque week-end sur une nouvelle route de gravelle, à plonger au cœur de ce magnifique paysage nordique. Nous ne pensions jamais que nous étions privés de quelque chose quand nous voyagions, que nous étions exclus du système de la ligue régulière. Nous ne pensions jamais que nous étions Indiens. Différents. Nous ne pensions qu'au jeu et à la fraternité qui nous unissait en dehors de la glace, dans la fourgonnette, sur les planchers de bois des maisons des réserves, dans les relais routiers où, si nous avions gagné, nous avions un petit quelque chose à claquer pour un burger et une soupe avant de reprendre la route. Des petits bonheurs. Tous reliés les uns aux autres, imbriqués pour former une expérience que nous n'aurions échangée contre aucune autre. Nous étions une ligue de nomades, fous de ce jeu, fous de la route, fous de la glace et de la neige, un vent arctique sur le visage et une rondelle gelée sur la palette de nos crosses.

Fred et Martha Kelly étaient bons pour moi. Ils n'essayaient pas d'être des parents. Ils avaient choisi d'être des amis, et Virgil et moi devînmes proches. Il était mon plus grand allié. Jamais auparavant je n'avais fait de devoirs ni n'avais eu de professeurs qui s'intéressaient à moi. Penser que l'école était une affaire de notes et d'espérances était nouveau et effrayant. Virgil restait tard avec moi le soir pour m'aider à apprendre mes leçons. Il m'expliqua comment comprendre l'école, comment me présenter en classe, comment m'intégrer au groupe des autres enfants et me donna des tuyaux et des trucs pour m'aider à apprendre plus vite. Avec son aide, aller en classe devint un plaisir. À la maison, on me demandait d'aider aux tâches ménagères. J'avais été entraîné à travailler, à St. Jerome's. Tout ce que les Kelly me demandaient de faire, je le faisais vite et bien. La première fois qu'ils me remercièrent de mes efforts, je restai sans voix. À cause de leur propre expérience à St. Jerm's, ils comprirent. La vie familiale devint une chose facile et je me sentis rapidement à l'aise.

Lors de mon second hiver à Manitouwadge, je pris l'habitude de me lever de bonne heure, comme je le faisais à St. Jerome's, pour déneiger la glace, puis pour m'entraîner jusqu'à ce qu'il soit l'heure de partir en classe. J'avais presque quinze ans. Virgil me rejoignait sur la glace quand son quart de travail à la mine commençait plus tard. Je m'entraînais à éviter de tomber dans ses griffes et à échapper à sa crosse quand il se retrouvait devant moi, se servant de sa taille et de sa corpulence pour me ralentir. Il était rapide pour un costaud. Or, ce second hiver, j'avais presque atteint ma taille et mon poids adultes, cinq pieds neuf pouces et cent quarante livres. J'étais donc encore petit. Virgil m'avait montré comment travailler avec des haltères l'été précédent, et j'étais sec et nerveux. Il n'empêche qu'il faisait près de soixante-dix livres de plus que moi.

« Ne te fais pas coincer le long de la bande. Utilise la glace. Utilise-la autant qu'ils t'en laissent la possibilité, disait-il. Utilise ta vitesse pour t'en donner encore plus. »

Au cours des entraînements de notre équipe, Fred m'envoyait parfois contre trois autres joueurs. Ils me poursuivaient, me frappaient, m'immobilisaient. Chaque fois que je touchais le palet au cours de ces séances, un corps était là. Chaque fois que je tournais, quelqu'un était tout contre moi. Il me fallut beaucoup de travail pour trouver mon rythme sous ce type de pression, mais j'y parvins. Ces trois contre un m'apprirent à activer ma vision comme si elle avait un interrupteur. Quand j'étais gêné à force de me faire cogner et de me faire bloquer, je prenais les choses tranquillement, laissais le match se poursuivre, en observais les développements autour de moi, me contentant de respirer jusqu'à ce que la vision se manifeste à nouveau comme un nuage de lumière. Je voyais la glace, les joueurs, la destination du palet aussi clairement que si l'action se déroulait sur un écran de cinéma. Mais je devais faire apparaître ma vision avec émotion, mû par le désir de cette pureté du mouvement, de cette liberté que le jeu me donnait.

« Quand tu es sur la glace, tu vas quelque part, me dit une fois Virgil à la fin d'un entraînement. Comme si on te voyait entrer dans un lieu secret où nul autre que toi ne sait comment accéder. »

28

Nous remportâmes dix des quinze tournois que nous disputâmes cette seconde année. Nous marquâmes des buts à la pelle. Fred Kelly disait que nous étions « une troupe de guerriers sur patins ». Il me plaçait régulièrement sur chacune de nos trois lignes. Ce qui signifiait que je jouais presque quarante minutes par match, mais je ne relâchais jamais mon attention. Aucun des autres joueurs de l'équipe ne se plaignit. Comment le pouvaient-ils ? Ils se retrouvaient soudain avec le palet sur leur crosse sans savoir comment il y était arrivé. Ils apprirent à se démarquer dès que l'occasion se présentait. Nous devînmes une équipe de passeurs expérimentés. Au lieu de laisser le palet nous mener par le bout du nez, comme le font tant d'autres équipes, les Moose commencèrent à aller là où le palet n'était pas, assurés qu'un coéquipier l'enverrait dans leur direction et qu'ils le récupéreraient avec une nouvelle chance en or de marquer.

Le Père Leboutilier apparut à un match à Pic River cet hiver-là. C'était à la fin novembre et nous jouions déjà depuis un mois. Je ne le remarquai pas dans la foule, mais tandis que nous remontions la rampe pour aller dans la cabane, il m'appela depuis le côté.

Je fus surpris de le voir. Il avait l'air différent dans ses vêtements civils. Il ne ressemblait pas du tout à un prêtre. Il souriait, comme s'il savait ce que je pensais. Après m'être changé, je le retrouvai près de la bande et nous allâmes ensemble jusqu'à sa vieille guimbarde. Nous discutâmes du sport et je me sentais rassuré par le souvenir de notre amitié.

« Tu rends les autres joueurs meilleurs, Saul, dit-il.

— Ils me font travailler plus dur aussi.

— C'est ce que j'espérais quand je t'ai envoyé chez les Kelly. Que ce sport t'élèverait.

— Ils me traitent bien.

— Les Kelly ?

— Et les Moose. Les gens du circuit. Je me sens super bien. »

Nous prîmes la route parallèle à l'autoroute pour retourner à la salle communautaire.

« J'espère avoir pu t'aider quand tu étais avec nous à l'école, dit-il.

— Bien sûr, dis-je.

— Je suis fier de toi, Saul. »

Nous avions alors garé la voiture sur le parking de la salle, il me saisit, m'attira à lui pour me serrer dans ses bras. J'entendais sa respiration. Lorsqu'il me relâcha, je sentis ses yeux posés sur moi.

« Je ne sais pas quand nous nous reverrons.

— Je sais, dis-je.

— Tu es libre, maintenant, Saul. Libre de laisser le jeu t'emporter où il ira. »

Je sortis sans un autre mot, je restai dans la neige et regardai sa vieille voiture disparaître après le virage. Son départ provoqua une douleur qui resta en moi pendant des jours. Je n'allais plus jamais le revoir.

29

En février de cette année-là, on était au plus fort de l'hiver nordique. Les Moose continuaient de gagner et la nouvelle de nos succès se répandit au-delà des confins du circuit des réserves. Nous participions à un tournoi à Longlac quand Virgil me donna un coup de crosse dans les côtes alors que nous nous tenions près de la bande.

« Des Blancs », dit-il.

Ils se tenaient derrière le grillage au bout de la patinoire, très loin de la foule habituelle. Ils étaient six. Ils portaient tous des blousons de la même équipe et ils étaient costauds, mais de toute évidence, anxieux d'être sur les terres d'une réserve.

« Qu'est-ce qu'ils font ici ? demandai-je.

— J'vais trouver », répondit Virgil.

À la fin du match, en sortant de la cabane, je tombai sur Virgil, les bras croisés sur la poitrine, en train de leur parler. Quand il me vit, il me fit signe d'approcher.

« Ces gars veulent jouer contre nous, dit-il. Un match amical. À Kapuskasing.

— T'as un jeu d'enfer, dit le plus grand. Votre équipe est trop bonne pour les autres joueurs d'ici.

— On s'en sort pas mal, dis-je.

— En fait, on se demande si vous pouvez gagner à un autre niveau. Contre nous. On veut vous lancer un défi. »

Virgil leva vers moi le pouce en signe d'approbation, et nous nous retirâmes.

Ils venaient de l'équipe des Chiefs de Kapuskasing, une équipe Senior A, composée d'ouvriers d'usine et de mineurs. Ils jouaient dans la Northern Hockey Association contre des équipes de Schreiber, Terrace, Geraldton, Marathon et Hearst. Ils étaient bons – plus que bons – et la ville de Kapuskasing était fière d'eux.

« Un match, dit Virgil. Ils ont été champions de la ligue l'an dernier. Alors, pourquoi pas ?

— On n'a encore jamais joué en ville, dis-je.

— Une patinoire, c'est une patinoire.

— Peut-être, répondis-je, me rappelant White River.

— Avec ces gars de Kapuskasing, on devrait faire un bon match, fit remarquer Virgil.

— On en joue déjà, des bons matchs.

— Ouais. C'est vrai. Mais on ne peut pas dire que les autres équipes de la ligue nous stimulent. Peut-être qu'on pourrait être encore meilleurs. Il n'y a qu'un moyen de le savoir. »

Nous nous dévisageâmes. Je percevais en lui un ardent désir. Il voulait disputer ce match.

« On vous paiera l'essence. On vous donnera de l'argent pour les repas, nous lança le plus grand. Pour nous, ça en vaut la peine.

— T'entends ça, Saul ? On ne peut pas nous faire de meilleure proposition.

— Je ne veux pas jouer en ville. Je l'ai fait. Ça n'a rien donné de bon.

— Tu n'étais pas un Moose à l'époque. » Virgil posa sur moi un regard insistant. « Si les autres gars de l'équipe veulent qu'on joue, on y va. Ça sera comme ça. »

Ils avaient pris leur décision avant de monter sur la glace pour disputer le match suivant. L'idée de ce défi excitait mes coéquipiers et aucun de mes arguments ne put entamer leur enthousiasme. Les seules choses qui occupaient leurs pensées, c'étaient une patinoire couverte, avec de la glace entretenue par des machines, un vestiaire que nous n'aurions pas besoin de partager, des douches et des toilettes. En conséquence, une date fut arrêtée et nous entreprîmes de nous entraîner encore plus dur qu'avant. Fred Kelly avait la ferme intention d'envoyer sur la glace une équipe de haut niveau et il nous poussa à exceller. Nous répétâmes les mêmes exercices de passes à l'infini. Il nous exerça à dégager le palet depuis notre côté, à le garder dans un coin afin que l'arbitre siffle un arrêt de jeu, et à utiliser les soixante pieds entre les lignes bleues pour prendre de la vitesse et préparer la prochaine attaque. Les joueurs se transformèrent. Nos entraînements, d'habitude ponctués d'invectives et de cris, devinrent solennels, chacun se donnant à fond. Le silence était perturbant.

« On n'est plus la même équipe, dis-je un soir à Virgil.

— Qu'est-ce que ça peut faire ? On joue mieux.

— Mais ce n'est pas mieux.

— T'as la trouille, c'est tout.

— Je n'ai pas la trouille. Je veux juste que les choses redeviennent comme avant.

— On n'a encore jamais eu la chance d'être des grands.

— On était des grands.

— Contre des équipes qui ne pouvaient pas nous stimuler.

— Être des grands, c'est être des grands.

— Facile à dire pour toi, Saul. Mais aucun de nous n'est aussi doué que toi. Pense à nous autres. Pense combien on aimerait avoir la chance de jouer à un niveau plus élevé. Pense à ça. »

C'est ce que je fis. Au bout du compte, ce fut l'unique raison pour laquelle je décidai de jouer contre Kapuskasing. Je ne voulais pas que les Moose perdent. Je ne voulais pas qu'ils reviennent vaincus, affligés du souvenir d'un combat qu'ils n'avaient jamais eu l'occasion de remporter. Si je pouvais faire quelque chose pour empêcher cela, je le ferais. Je jouerais comme jamais je n'avais joué. Je serais concentré comme jamais. J'y mettrais toute ma volonté. Mon équipe avait besoin que je joue à mon meilleur niveau et ce fut l'unique raison pour laquelle je décidai de disputer ce match.

30

Le stade de glace de Kapuskasing était récent. La ville y avait investi beaucoup d'argent et quand nous entrâmes dans le hall, la première chose que nous vîmes, ce furent les vitrines remplies de trophées et de photos. On aurait dit un sanctuaire consacré à l'équipe locale. Nous étions là, nos sacs d'équipement à la main, en train d'examiner ce qui était exposé. Il n'y avait pas de prix dans notre ligue des forêts. Les vainqueurs célébraient leurs victoires avec des festins et des fêtes, mais il n'y avait pas d'argent pour des trophées. C'est Virgil qui finit par interrompre notre rêverie et qui nous conduisit au vestiaire.

« De la poudre aux yeux. Les gars, vous êtes comme une volée de corbeaux », remarqua-t-il.

Le vestiaire était chaud et bien éclairé. Chaque joueur avait son propre espace et nous avions de la place pour nous étaler et faire des étirements au sol tandis que nous nous préparions. Je percevais combien la tension nerveuse montait chez les Moose. Ces gars étaient des Indiens. Ils avaient beau être bûcherons ou mineurs quand ils ne jouaient pas au hockey, ça n'empêchait pas les stades de glace en béton et les vestiaires moquettés de les intimider. Fred Kelly n'avait pas pu faire le voyage. Cela les perturbait encore plus. À cause du calendrier de la ligue des Chiefs, le match ne pouvait avoir lieu qu'en milieu de semaine et personne n'avait pu remplacer Fred. Nous avions fait le trajet de près de trois cents miles dans un étrange silence tendu. Virgil faisait de son mieux pour assurer l'équipe qu'il avait mémorisé le plan de match de Fred, mais mes coéquipiers n'en étaient pas moins anxieux. Aucun d'eux ne disait mot et le silence de nos préparatifs était perturbant. Nous entendions la foule cheminer dans le couloir et monter s'installer sur les estrades. Ils faisaient le bruit de quelques milliers de personnes. Leurs voix étaient aiguës et excitées. On frappa à la porte et Virgil alla répondre en traînant les pieds.

« Il me faudrait votre carte d'alignement, dit quelqu'un.

— Notre quoi ? demanda Virgil.

— Votre carte d'alignement. Pour les arbitres et l'annonceur.

— On a pas ça.

— Il vous en faut une. »

Je pris quelques minutes pour écrire nos noms et nos numéros sur une carte. Lorsque je la tendis à l'homme d'un certain âge qui attendait, il la regarda et sourit.

« Il y a des noms plutôt bizarres là-dessus, dit-il. Indian Horse, Black Wolf, Ear, vous vous moquez de moi, hein ? »

Virgil se contenta de l'observer sans détourner le regard.

Quand nous fûmes prêts, nous nous levâmes, attendant que quelqu'un amorce le mouvement. « Ce n'est qu'un match amical, dit Virgil. Ce n'est qu'un match comme les autres, alors n'en faites pas une montagne dans vos têtes. Jouez comme d'habitude. Soyez des Moose. Soyez des Indiens. »

Il nous mena jusqu'à la glace. Le bâtiment faisait penser à une immense caverne. Des drapeaux et des fanions pendaient aux chevrons. La lumière vive donnait à la glace l'aspect du coton. De ce fait, le bleu et le rouge des lignes étaient saisissants. À chaque extrémité, les poteaux de buts étaient éblouissants et, derrière eux au-dessus de la bande, les vitres étincelantes montaient haut. Les estrades s'étageaient vers l'arrière pour former une cuvette peu profonde autour de la patinoire et elles étaient bondées. Dès que nous avançâmes sur la glace, la foule se mit à pousser des cris hostiles. Les gens rirent en me voyant et je les entendais chahuter pendant que je patinais pour m'échauffer.

« Le treize doit être leur mascotte ! »

« Non, pas du tout. C'est un papoose. Le treize, c'est leur papoose ! »

« Hé, le treize ! Ta mère t'a écrit un mot pour t'autoriser à jouer ? »

L'annonceur les interrompit pour présenter notre équipe. Nous n'avions encore jamais entendu nos noms annoncés par haut-parleur et nos gars redressèrent la tête pour écouter. La foule réagissait chaque fois qu'il lisait un nom typiquement indien, lançant sarcasmes et quolibets. Quand les Chiefs montèrent sur la glace, les gens se levèrent dans les tribunes et se mirent à taper des pieds, à applaudir, à siffler et à les acclamer. Les Chiefs décrivirent des cercles dans leur zone. Ils patinaient vraiment bien dans leurs tenues et leurs équipements aux couleurs voyantes. Nous fîmes tous nos exercices d'échauffement et nous rejoignîmes notre banc pour nous préparer.

« Exactement comme d'habitude, dit Virgil. Si mon père était ici, il vous dirait la même chose. Il faut juste qu'on joue comme d'habitude. Comme d'habitude. Quoi qu'il advienne. »

Je fus surpris de l'habileté et de la précision des Chiefs. Ils étaient impressionnants à regarder. Je n'avais jamais vu jouer, en chair et en os, une équipe aussi bonne que ça. Chacun savait exactement où étaient les autres à chaque instant et les passes, qui paraissaient ne pas avoir de destinataire, étaient récupérées par leurs hockeyeurs qui arrivaient en trombe. Ils semblaient programmés pour viser notre filet et ils faisaient ce qu'ils voulaient du palet, sans effort. Ils nous mirent quatre buts au cours des huit premières minutes. Je restai en arrière pour les observer, comme d'habitude. Le score était de cinq à zéro avant que je ne ressente cette impression d'espace derrière mes yeux, la clarté qui m'était si familière. Je fis signe à Virgil qui reprenait son souffle près de la porte à côté de notre banc et il acquiesça de la tête.

« Little Chief ! » hurla-t-il en martelant la bande. Après avoir fait la passe suivante, Stu Little Chief se dirigea vers le banc. Quand il fut à une distance de trois pieds, je sautai par-dessus la bande et entrai dans le jeu.

Dès que mes patins touchèrent la glace, je sus exactement quoi faire. Je fonçai vers la droite et suivis le palet jusqu'au fond de leur zone. Leur défenseur dégagea le palet le long de la bande et coupa derrière leur filet. Les autres virèrent comme des avions de chasse. Ce sur quoi je comptais. Je voyais que la première passe des Chiefs serait puissante et que, sans quitter la glace, le palet irait jusqu'à l'autre défenseur à mi-chemin de la ligne bleue. De là, il était censé traverser la glace derrière nos avants, qui reculeraient vers leur ailier gauche, qui dégagerait. Leur centre s'en emparerait à toute vitesse et filerait sur la glace. Mais ils n'eurent jamais cette chance. J'étais hors du champ de vision du défenseur et quand il envoya la première passe, je déboulai de l'aile où j'avançais tranquillement. Je patinais à toute vitesse quand j'interceptai leur longue passe à hauteur de leur ligne bleue. J'entendis les défenseurs glapir et tous deux bondirent pour contrer. Je pris un virage serré sur l'extérieur de mes lames, fis passer le palet sur le revers de ma crosse et coupai droit devant eux. Vite. Il fallait qu'ils viennent ensemble et quand ils le firent, je coupai dans l'autre direction et filai sur l'espace dégagé de leur côté du cercle de mise au jeu. Ils ne purent me rattraper. Je me redressai à quinze pieds du filet, baissai les épaules, tortillai les hanches et changeai trois fois de position avant de faire voler le palet au-dessus du gardien affalé. Cinq à un.

Je n'allai pratiquement plus sur le banc après cela. Le seul repos que je pris, ce fut entre les périodes, et quand nous rejoignîmes la glace pour la dernière période, le score était de cinq à quatre en faveur des Chiefs. Alors, ils ne me quittèrent plus d'une semelle, ce qui laissait le champ libre au reste de nos gars. Mais c'était une équipe forte et disciplinée. Même quand deux d'entre eux me poussaient contre la bande, les trois autres joueurs maintenaient le contrôle de leur territoire. Mes coéquipiers donnaient tout ce qu'ils avaient, mais le talent de Kapuskasing nous tenait à distance. Ils dégageaient le palet de telle sorte que le dégagement soit refusé et qu'il y ait une mise au jeu. Il ne restait plus guère de temps. Mon énergie commençait à fléchir. Je fis signe à Virgil à la septième minute avant la fin et allai m'asseoir sur le banc. Je m'aspergeai la tête d'eau avec une bouteille en plastique et je m'épongeai avec une serviette. Les Chiefs et leur public sentaient la victoire et le bruit était assourdissant. Aucun de nous n'avait jamais fait l'expérience d'une atmosphère aussi tapageuse. Quand nos joueurs venaient près du banc, je lisais la peur sur leurs visages. La tension était extrême. Perdre ce match serait terrible et je fermai les yeux, inspirai, concentrant toute mon énergie pour obtenir un point focal très net. Soudain je me sentis emporté, soulevé et sorti de mon corps fatigué, et aussitôt l'air circula mieux dans mes poumons. J'agitai un gant devant un joueur qui passait et il prit un virage vers le banc, je me retrouvai dans le match. Je pris le palet sur la crosse d'un joueur des Chiefs à leur ligne bleue, je fis un demi-tour à toute allure suivi d'une passe puissante qui arriva directement sur la crosse de Virgil. Le gardien fit un déplacement latéral qui l'amena de l'autre côté de l'enclave, tout en gardant ses jambières bien collées l'une à l'autre. Virgil leva calmement le palet qui passa au-dessus de lui. Égalité.

Il ne restait plus que cinq minutes de jeu et à présent, je volais. Chaque fois que les Chiefs préparaient une attaque, je l'interrompais. Chaque fois qu'ils réussissaient à s'organiser, je m'amusais avec le palet, le tenant à l'écart, jusqu'à ce que leur attaque tourne court. La foule leur hurlait de me frapper, mais j'étais trop rapide. Je virais, je dansais, je bouclais des boucles comme un casse-cou. Je patinais comme je n'avais encore jamais patiné. Je fis des passes apparemment impossibles. Des choses qui firent gronder la foule. Puis, alors qu'il restait moins d'une minute, je poussai la crosse d'un défenseur des Chiefs pour lui enlever le palet. Il rebondit, je passai devant le joueur comme un bolide, et je rattrapai le palet sur ma crosse avec une seule main. J'utilisai vigoureusement l'autre comme balancier pour accélérer et monter au centre de la glace. La foule était debout et criait à son équipe de m'arrêter. Je levai les yeux pour regarder devant moi. Leur gardien reculait lentement vers le filet. Les Moose hurlaient tous depuis notre banc et, là, le temps se mit à ralentir. J'entendais mes lames couper la glace. J'entendais ma propre respiration. Je traversai en trombe la ligne bleue, mais tout était cotonneux et au ralenti. La rondelle était poussée devant moi au bout de ma palette.

Je roulais les épaules en accélérant en direction du but. Derrière la cage de son masque, je voyais le gardien plisser les yeux. Quand je fus à une douzaine de pieds, je baissai une épaule pour faire diversion. Il ne bougea pas. Je fis semblant de faire un tir du poignet. À la dernière seconde, je tournai ma crosse et je repris le palet, tout en virant brusquement pour me retrouver face à la glace. Le gardien m'avait suivi de l'autre côté du filet. Je vis Stu Little Chief patiner tout seul à l'opposé du filet et je lui fis une passe rapide sur la palette. Tout ce qu'il avait à faire, c'était de pousser la rondelle dans le but. Je ne vis pas le défenseur des Chiefs arriver. Il me frappa un grand coup et je m'écrasai contre la bande. Quand je me hissai sur un genou, les Moose s'entassèrent sur moi. Je fus assailli et roué de coups de poing de joie, et quand nous parvînmes à nous dégager, la glace était jonchée de débris. La foule, debout, nous acclamait et pendant que je patinais pour rejoindre notre banc alors qu'il restait trente secondes de jeu, ils acclamèrent encore plus fort. Les employés nettoyèrent la glace et je m'assis sur le banc tandis que nos gars avaient pris le contrôle du palet après la mise au jeu. Les joueurs sur le banc étaient debout tandis que le temps s'écoulait, puis ils bondirent par-dessus la bande quand la sirène retentit. J'étais trop fatigué pour bouger.

Finalement, les Chiefs s'alignèrent pour nous serrer la main et je quittai le banc pour participer au cérémonial. Un par un, ils prirent ma main et approuvèrent d'un signe de tête. La foule continuait d'applaudir. Nous patinâmes jusqu'à notre banc et fûmes conduits aux vestiaires, c'est là que quelqu'un m'arrêta à la sortie pour me dire que j'étais la première étoile du match. Je ne compris pas.

« La première étoile, dit Virgil. Tu sais ? Les trois étoiles, comme dans *La Soirée du hockey* ?

— Pas question que je retourne là-bas.

— Il le faut. C'est la tradition.

— Je ne sais pas si j'aime cette tradition, dis-je.

— J'ai l'impression que tu ferais bien de commencer à l'aimer si tu continues à jouer comme ça. »

Puis la voix de l'annonceur retentit dans tout le stade.

« Je vous présente les trois étoiles de ce match. Première étoile, le numéro treize des Moose de Manitouwadge, Saul Indian Horse. Indian Horse. »

Je m'attendais à une pluie de huées, mais quand je gagnai la glace pour faire mon tour d'honneur, les applaudissements et les trépignements résonnèrent comme le tonnerre dans le stade. Je redressai la tête pour regarder, tout le public était debout, et quand je levai ma crosse en signe d'appréciation, ils m'acclamèrent encore plus fort. Je patinai jusqu'au banc et Virgil me sourit.

« C'est mieux qu'un putain de trophée, non ? dit-il.

— Ça ira, dis-je avec un large sourire. Est-ce qu'on peut rentrer chez nous maintenant ? »

31

Ce match contre les Chiefs de Kapuskasing nous fit sortir de notre refuge. La rumeur qu'une équipe indienne avait battu les champions Senior A se répandit, et tout le monde voulut jouer contre nous. Je n'étais pas chaud et Fred partageait mon appréhension, mais Virgil et les autres étaient décidés à relever le défi.

« Ils croient que ce jeu est à eux, dis-je. Je m'en suis rendu compte à l'école. »

Virgil fronça les sourcils.

« Ils jouent pour les mêmes raisons que nous. Pour les sensations. Pour autant que je sache, ça n'appartient à personne.

— Eux pensent que ça leur appartient.

— Ouais. Bon. On verra. »

Au lieu de nos habituels déplacements dans le Nord, nous commençâmes à nous rendre dans des villes éparpillées tout le long de la route transcanadienne, des endroits dont nous connaissions le nom ou que nous avions traversés, mais où nous n'avions jamais eu de raison de nous arrêter auparavant. Il y avait des équipes partout, toutes impatientes d'affronter les ambitieux Indiens de Manitouwadge. Nous perdîmes certains matchs et nous en remportâmes notre part, mais il y avait moins de joie dans ces déplacements. Un motel à Timmins était moins accueillant que nos hébergements habituels à Batchewana. Il n'y avait pas de mouvements d'air dans ces stades de glace. On ne sentait pas le vent du lac traverser la ligne bleue, on ne pouvait pas regarder un troupeau d'oies sauvages passer dans le ciel en cacardant. Il n'y avait aucun enfant indien en train de chercher dans la neige les palets passés par-dessus la bande, aucun doigt à la peau mate accroché au grillage derrière le filet. Des surfaceuses Zamboni remplaçaient les groupes de gens en bottes de caoutchouc et en vestes de bûcheron en train d'arroser la glace. Désormais, la norme, c'était les rangées d'estrades rouges, les tableaux d'affichage électroniques, la malbouffe dans des boîtes de polystyrène expansé, ainsi que les railleries et les remarques humiliantes de la foule, dans un anglais aux sonorités irrégulières.

« Cette glace, elle ne vaut rien, vins-je me plaindre à Virgil. En plein air, il faut vraiment que tu saches patiner.

— C'est de la glace de stade, répondit-il. La même partout.

— C'est ce que je veux dire. À Heron Bay, la glace avait quelque chose de rugueux là où le vent s'engouffrait entre les épinettes noires et qu'elle formait des rides et des replis. À Ginoogaming, elle était inégale parce que le sol remontait depuis une extrémité. Il fallait qu'on le sache. Il fallait en tenir compte dans notre jeu.

— Ça facilite le jeu.

— Faciliter ne veut pas dire améliorer. C'est juste plus facile. »

Pratiquement chaque semaine, nous jouions dans une ville différente. Les matchs étaient toujours des événements, surtout parce que les gens étaient curieux de voir si les Indiens savaient vraiment patiner, si nous savions pratiquer ce sport selon les règles. Même si je n'avais pas envie d'être là, je me sentais personnellement responsable de leur en faire la démonstration. Les joueurs blancs essayaient de me malmener, mais j'utilisais ma vitesse pour les laisser derrière moi. Ils me dardaient, me donnaient du coude, me cinglaient, me frappaient du bout de leur crosse, mais je trouvais toujours l'espace libre qu'il me fallait sur la glace pour un autre jeu, pour faire naître la magie du désordre. Le reste des Moose se battait pour moi. Je pouvais laisser passer un coup mesquin pour privilégier une meilleure opportunité, seulement mes coéquipiers ne supportaient pas la façon dont j'étais traité. Ils ne supportaient pas cette façon froide et inhospitalière dont nous étions tous traités. Pour eux, ce sport avait toujours été courtois ; rude et difficile pour certains, mais loyal, et les équipes des réserves, tout comme les communautés qui les engendraient, avaient été comme une famille. À présent, il y avait des bagarres dures. Une fois où je m'étais retrouvé étalé de tout mon long à la suite d'un très violent coup porté par-derrière, ils avaient afflué en masse depuis notre banc et la rixe qui s'était ensuivie avait été épouvantable. Il avait fallu vingt bonnes minutes aux arbitres pour parvenir à calmer les choses. Une fois le décompte des pénalités réglé, dans chacune des deux équipes, il n'était plus resté que quatre avants, deux défenseurs et un gardien. Le public était enragé. Des ordures nous étaient tombées dessus. Ils étaient venus en groupe pisser et chier dans notre vestiaire. Les pneus des fourgonnettes avaient été lacérés. Après ce match, que nous avions perdu de deux buts, personne ne fit de commentaire. Mes coéquipiers portèrent en eux ce ressentiment et les matchs après celui-ci furent plus brutaux et difficiles, plus férocement disputés, et une fois, à Hearst, alors que les choses avaient encore échappé à tout contrôle et que le sang avait jailli au cours d'une épique empoignade entre équipes pendant la troisième période, l'équipe adverse avait refusé de nous serrer la main à la fin du match. Les Moose devinrent vindicatifs et il n'y eut pas un seul coup bas qui ne reçût son content de coups de poing en retour. Cela m'attristait. En un rien de temps, les Moose, qui étaient des garçons débordant de joie, devinrent des hommes durs et taciturnes. Mais tant que nous continuions à remporter une partie des matchs, aucun d'eux ne s'aventura à suggérer que nous reprenions le cours ancien des choses.

Ce qui me conduisit à encore affiner ma vision. Je m'entraînai résolument à faire venir plus vite ce sens aigu que j'avais. Je voulais éviter à mon équipe l'indignité d'une bagarre. Je voulais conserver l'esprit du sport, tel qu'il avait été instillé en eux pour les laisser jouer avec la liberté et l'abandon qu'ils avaient autrefois. Alors, je m'exerçai sans cesse à apprendre à me connecter à cette vision. Petit à petit, il me fallut de moins en moins de temps pour comprendre ces équipes. Les joueurs avaient tous grandi de la même manière, eu le même type d'entraînement et avaient les mêmes perceptions du jeu. Les idées qu'ils avaient sur les déplacements et les mouvements étaient limitées par la nature prévisible de leur entraînement, et ils prenaient rarement le risque de sortir de la façon de jouer standard. Je vis cela et j'en tirai avantage. Bientôt, nous laissâmes derrière nous une bonne fois pour toutes le circuit des forêts et fûmes invités partout à participer à des tournois où de grosses sommes étaient en jeu. Le premier hiver, nous gagnâmes assez d'argent pour acheter de nouveaux uniformes. Tout le monde était excité.

Ensuite, dans les années soixante, nous nous enfonçâmes dans le cœur sombre du nord de l'Ontario et nous fûmes haïs. Haïs. Il n'y a pas d'autre mot. Les Moose, une équipe sortie de la forêt, voulait prouver son talent dans les meilleures compétitions qui soient. Nous arrivâmes dans ces villes en hockeyeurs espérant disputer un match honnête, crosse à crosse, de bout en bout, juste et équitable. Mais ils ne nous virent jamais autrement que comme des Indiens. Ils ne virent jamais rien d'autre que des visages à la peau mate alors qu'ils auraient dû être blancs. Nous n'étions pas bienvenus parmi eux. Et quand nous gagnions, les choses devenaient encore pires.

Chapleau était une ville industrielle à l'est de Wawa, et le tournoi qui s'y déroulait attirait des équipes venues d'aussi loin que Timmins et Sudbury. Il y avait beaucoup de fierté en jeu. Les matchs étaient chaotiques et durs, et il fallut nous donner à fond pour arracher la victoire à l'équipe de Sault Ste. Marie dans la finale de championnat. Mais nous y parvînmes. La route du retour à Manitouwadge était longue et les gars devaient tous travailler le lendemain, nous décidâmes donc de dépenser une partie de nos gains dans un repas, à Devon, une petite ville à l'extérieur de Chapleau. Il n'y avait pas grand-chose, mais le café dans un hôtel avait l'air correct. Lorsque nous franchîmes la porte, nous aperçûmes une autre porte donnant sur un bar. Chaque fois que la porte s'ouvrait, on entendait le son d'un juke-box et des rires d'hommes. Nous étions les seuls dans le café. Nous choisîmes quatre tables près de la fenêtre donnant sur la rue. La serveuse nota nos commandes et nous étions en train de nous raconter les moments forts du match et d'en rire quand un homme entra. Il nous examina longuement avant de se retirer dans le bar. Aucun de nous n'y prêta attention.

Puis la musique du juke-box s'interrompit.

Je levai les yeux pour voir une file d'hommes entrer dans le café depuis le bar. C'étaient des ouvriers, costauds, à l'air robuste et aux visages graves. Plusieurs s'assirent sur des tabourets et les firent pivoter pour nous faire face. Les autres étaient debout autour de nos tables. Ils étaient huit.

« Dites donc les gars, vous avez un peu pris la grosse tête, dit un homme de grande taille à la peau foncée, il appuya une main sur la table où Virgil et moi étions assis.

— Je ne vois pas ce que vous voulez dire », fit Virgil. Son visage demeura impassible.

« Je vais te le dire, vous remportez un petit tournoi de hockey et voilà que vous croyez avoir le droit de venir manger ici comme les Blancs, répondit l'homme.

— On est ici que pour manger. On n'avait pas l'intention de copier qui que ce soit, répliqua Virgil.

— Joue pas au malin avec moi, mon garçon. »

Virgil repoussa sa chaise et se leva.

« Garçon ? demanda-t-il. Ils sont grands comment les hommes chez vous ? »

L'homme rétorqua d'un ton méprisant : « Nettement plus que toi.

— Qu'est-ce que vous voulez, bon sang ?

— Ben, c'est que vous allez devoir gagner le droit de manger ici.

— On paie exactement comme tout le monde.

— On mange pas avec des Indiens.

— J'ai pas le souvenir de vous avoir demandé de vous joindre à nous », dit Virgil.

L'homme sourit. Puis il tendit le bras et saisit d'une main l'épaule de Virgil.

« T'es pas en position de nous demander quoi que ce soit. Si vous voulez manger ici, il va falloir vous battre pour ça.

— De quoi tu parles ?

— C'est simple, chaque fois qu'il y a des Indiens assez arrogants pour vouloir manger ici, on les emmène dehors dans un petit coin sur le chemin derrière qu'on appelle Moccasin Square Garden. Si vous réussissez à revenir ici depuis cet endroit, vous pouvez manger tout ce que vous voulez. On va donc vous emmener là-bas l'un après l'autre. Pour voir lesquels sont vraiment des hommes pour réussir à revenir ici.

— Ça a l'air amusant. »

Virgil tendit le bras, but un peu d'eau, puis reposa le verre sur la table.

« Toi en premier, lui dit l'homme.

— Garde ma place, Saul, je reviens tout de suite. »

La file d'hommes fit sortir Virgil et trois autres arrivèrent depuis le bar pour nous bloquer le passage. Ils avaient des haches à la main. Sous le choc, ne sachant que faire, nous restâmes sur nos sièges. La serveuse et le cuisinier étaient tous deux dans la cuisine, en train de chuchoter. Depuis la rue, arrivait le bruit de la circulation sur la neige fondue. Une voiture de police passa et nous échangeâmes des regards rapides.

Nous, les membres de l'équipe, étions assis, raides comme des piquets sur nos chaises.

Ils ramenèrent Virgil à l'intérieur. Il avait la bouche couverte de sang et une coupure à la tempe. Il s'essuya la bouche du revers de la main en s'asseyant et observa ses mains qu'il avait croisées sur la table. Ils en firent ensuite sortir un autre. Au cours des vingt minutes suivantes, ils revinrent chercher tous les membres des Moose, l'un après l'autre. Chaque fois qu'ils ramenaient quelqu'un, l'odeur d'urine devenait plus forte. Quand il ne resta plus que moi, le grand se pencha sur notre table.

« Tu as fait une partie d'enfer, petite étoile, dit-il. Avec ça et le fait que t'es un gosse, on te laisse tranquille. Mais n'oublie pas ta place. La prochaine fois, ailleurs, tu n'auras peut-être pas autant de chance. »

Il envoya un baiser à la ronde vers notre table, puis fit demi-tour et sortit. Les autres le suivirent. Au moment où ils entrèrent dans le bar, le juke-box reprit vie et nous entendîmes force rires et tintements de verres. Je restai là, à regarder les visages de mes coéquipiers. Aucun d'eux ne bougeait. Ils fixaient tous la table devant eux. Ils s'étaient pris une raclée. Pas sévère. Ce n'était pas assez sérieux pour qu'ils aient besoin d'aller à l'hôpital, mais ils avaient des coupures et des blessures, et je sentais qu'ils étaient anéantis. Virgil se racla la gorge et se leva.

« Partons », dit-il.

Nous sortîmes l'un après l'autre en silence et montâmes dans la fourgonnette. Virgil me fit signe de venir avec lui sur le siège avant. Nous avançâmes dans la rue et rejoignîmes la route principale. Personne ne disait mot. L'odeur d'urine et de crachat était puissante. Quelqu'un alluma une cigarette et l'âcreté corrosive de la fumée fut un soulagement. Virgil conduisait à une vitesse constante sans à-coups, en direction de l'ouest, sur la route qui allait nous ramener à la maison. La nuit tombait. Nous roulâmes en silence. Pendant des miles, il n'y eut pas d'autre bruit que le ronronnement des roues sous nos sièges. Nous roulions depuis des heures quand Virgil prit la parole. Ce ne fut alors que pour dire six mots. Six mots qui m'effrayèrent et me mirent en colère à la fois.

« Ils nous ont pissé dessus, Saul. »

Les miles défilaient et, de temps à autre, nous entendions un toussotement à l'arrière de la fourgonnette et le bruissement de corps essayant de dormir. Lorsque nous traversâmes White River, aux environs de minuit, il me raconta ce qui s'était passé.

« Quand je suis arrivé derrière, ils m'ont encerclé. Le premier m'est tombé dessus et on est passé à l'action. Mais tout ce qu'il faisait, c'était de me repousser, quelqu'un d'autre m'attrapait, me faisait tourner sur moi-même et je me prenais un coup de poing dans la figure. Ensuite, quelqu'un d'autre m'attrapait et s'y mettait à son tour. Ils m'ont poussé tout autour de ce cercle, me donnant coups de poing et de pied, et quand je suis tombé à terre, sonné, l'un d'eux s'est tenu au-dessus de moi et m'a pissé dessus. Ça a été la même chose pour chacun de nous. »

Je restai là, sans trouver quoi dire. Quelques miles plus loin, il parla à nouveau.

« Mais sais-tu ce qui a été la chose la plus effrayante, Saul ? Il n'y avait ni cris, ni jurons, ni rien. Ils agissaient en silence. Comme s'ils faisaient cela tous les jours. Je n'avais pas idée que des gens puissent être aussi insensibles.

— Ils nous haïssent parce qu'on a gagné ? finis-je par demander.

— Ils nous haïssent parce qu'on est des Peaux-Rouges.

— On n'a rien fait.

— On a franchi une ligne. Leur ligne. Ils s'imaginent qu'ils ont le droit de nous faire payer ça.

— Tu crois ?

— Je ne sais pas. C'est ce que je pense parfois.

— Virgil ?

— Ouais ?

— Je ne dirai rien.

— Bien, dit-il. Aucun de nous ne le fera. »

Et aucun de nous ne le fit. Mais il y avait des moments où, en croisant l'œil d'un autre, on savait que tous les deux, on y pensait. Tout était dans ce regard. Toute la douleur. Toute la honte. Toute la rage. Les Blancs croyaient que ce jeu était à eux. Ils croyaient que c'était leur monde à eux.

32

Après cela, je commençai à remarquer des choses. Je commençai à voir une ligne dans chaque stade de glace où nous jouions. Elle se manifestait sous la forme de rangées de sièges vides qui séparaient les supporters indiens des blancs. La police était postée à l'entrée séparée par laquelle elle faisait passer les nôtres. Je constatai qu'un grand nombre de joueurs des équipes adverses n'enlevaient pas leurs gants pour nous serrer la main à la fin d'un match. Certains ne quittaient même pas le banc. Lorsque j'en fis mention à Virgil, il prit un air renfrogné.

« Glace blanche, joueurs blancs », dit-il.

Les Moose étaient invités à jouer dans une ville du nom d'Espanola. La route était longue, mais leur équipe, les Lumber Kings, avait été de multiples fois championne. Plusieurs des anciens membres étaient passés en Major Junior A et une poignée d'entre eux étaient même allés jouer dans la Ligue nationale de hockey. Cette équipe avait un pedigree et seules les meilleures équipes étaient invitées au tournoi annuel d'Espanola. Ce tournoi n'avait encore jamais reçu d'équipe autochtone, et malgré une certaine appréhension, Virgil nous persuada de faire le déplacement.

« Si on gagne, on aura assez pour verser un acompte sur le bus de l'équipe, dit-il. Montrons-leur de quoi on est capables ! »

Les Moose étaient alors une équipe connue, et quand nous sortîmes de nos fourgonnettes devant le stade de glace d'Espanola, je sentis les regards sur nous.

« C'est qui, le prodige ? entendis-je quelqu'un demander.

— Ça doit être le gros balèze.

— Non. Je parie que c'est le grand, avec les grosses mains. »

Quand nous montâmes sur la glace pour notre match contre les Nuggets de North Bay, la foule nous hua. Quand notre équipe fut présentée, ils surent soudain vers qui diriger leur énergie.

« Hé, Indian Horse ! Treize, c'est sûr que ça va te porter la poisse ! »

« Dites donc les gars, vous risquez d'avoir besoin d'un canasson indien pour tirer les brancards ! »

« On va te prendre ton scalp, Chef ! »

Une fois assis sur notre banc, Virgil me regarda et sourit, tentant de garder le moral.

« Ils se sont vite dégelés avec toi, dit-il. Leur coup du canasson indien et du brancard, c'était pas mauvais. »

L'équipe de North Bay était passionnante à regarder. À leur façon disciplinée de déplacer le palet, on pouvait dire qu'ils avaient de bons entraîneurs. Fred Kelly venait rarement avec nous à cause de ses horaires de travail et là, précisément, j'aurais aimé qu'il soit présent. Pas un des joueurs de North Bay ne prenait de risques inutiles. Ils étaient efficaces, et personne ne conservait longtemps le palet. J'étais impressionné en étudiant leur jeu. Ils n'avaient pas peur d'interrompre leur attaque et de reculer pour en lancer une nouvelle. Leur défense était solide, bien que peu spectaculaire. Ils restaient dans leur zone, gardaient leur sang-froid et faisaient des passes précises. Et puis les Nuggets savaient patiner. Nos gars avaient l'air gauches comparés à eux. Peu après le début du match, ils marquèrent deux buts contre nous.

Virgil s'affala à côté de moi sur le banc et me donna un coup de coude dans les côtes.

« T'as peur de ces gars ou quoi ? demanda-t-il.

— Ils sont bons.

— Ouais, alors, viens quand tu te sentiras prêt à donner un coup de main. »

J'approuvai d'un signe de tête. J'observai quelques minutes de plus et quand l'une de leurs attaques s'arrêta à notre ligne bleue et qu'ils renvoyèrent le palet à leur défenseur qui suivait en retrait, je savais tout ce que je voulais savoir. Je soulevai ma crosse au moment où Virgil patinait vers moi. Il vint aussitôt vers le banc et je sautai par-dessus la bande.

Je traversai notre ligne bleue à toute vitesse pour rejoindre le palet immobilisé le long de la bande et le dégager. Il rasa la glace jusqu'à l'un de leurs joueurs et je fus sur lui en un éclair. Mes patins n'émirent aucun bruit, ainsi je le surpris. Il fit une passe précipitée dans les airs qui arriva au centre. Notre défense l'intercepta et nous commençâmes à remonter. Lorsqu'ils se rassemblèrent pour contrer notre attaque, je fis demi-tour et patinai aussi vite que possible sur ma droite, en ignorant le palet. Je vis leurs défenseurs se contracter nerveusement tandis que je traversais en trombe la ligne rouge. Ils se dirigèrent vers moi, mais je tournai rapidement pour rejoindre le jeu, doublant comme un bolide notre ailier gauche qui avait le palet. Il me laissa le récupérer sur place et je traversai notre ligne bleue à toute allure en décrivant un long et large virage. Je sentais l'air me fouetter le visage, et mon chandail claquait contre mon corps. L'assistance s'était mise debout. Je n'avais jamais patiné aussi vite. Quand je croisai leurs avants qui remontaient vers moi, je fis un audacieux tour sur moi-même et dépassai leur centre, puis un autre dans la direction opposée juste à côté de leur ailier gauche. J'attirai de nouveau les défenseurs vers moi en traversant la ligne bleue et je fis une habile passe arrière entre mes jambes. Joe Eagle Chief, notre ailier droit, s'empara tout seul du palet et marqua d'un tir du poignet. Jamais je n'avais entendu autant de vacarme – des acclamations mêlées à des huées et des trépignements effrénés. Une rafale de tasses vides s'abattit sur la glace tandis que je patinais jusqu'au banc.

« Ils ont un jeu propre, mais la grande vitesse les perturbe », soufflai-je à Virgil.

Il me donna une claque dans le dos, puis parla à voix basse à nos gars sur le banc. À partir de ce moment-là, chaque fois que de nouveaux joueurs montaient sur la glace, l'intensité augmentait. Je jouai quarante minutes de ce match. J'étais trempé de sueur. J'avais l'impression que mon équipement pesait une tonne. Je marquai quatre fois et nous l'emportâmes aisément, sept à quatre. La moitié de leur équipe refusa de venir nous serrer la main.

Quand nous revînmes le lendemain matin pour jouer contre les Clippers d'Owen Sound, le stade de glace était bondé. Comme la veille, la foule était bruyante. Les Clippers étaient une équipe de joueurs compétents, habitués à beaucoup patiner et connus pour leur brutalité. C'était aussi la meilleure équipe que nous ayons jamais affrontée, et quand je pris ma place pour la mise au jeu contre leur centre numéro un, il me dominait, menaçant.

« Fais gaffe à ta tête, morveux », dit-il.

Peut-être aurais-je dû comprendre le caractère inquiétant de ces paroles. Peut-être aurais-je dû être capable de deviner ce qui allait arriver, discerner l'intention à la manière brutale dont il frappa ma crosse avant que le palet tombe sur la glace. Mais je ne le fis pas. Ce qui me déséquilibra d'abord, ce fut la rude charge avec la crosse que je reçus dans le dos alors que j'allais dans le coin à la poursuite du palet. Le coup fut si violent que j'en perdis l'équilibre et je m'effondrai contre la bande. J'entendis des rires venir des estrades. Mon casque avait glissé sur mes yeux et quand je me redressai et que je levai mon gant pour le remettre en place, quelqu'un cingla mes patins et je tombai à nouveau. J'entendis encore plus de rires et les gens frappaient la vitre au-dessus de moi. Le temps de me relever, le jeu s'était déplacé sur la glace et je dus filer le rattraper.

Les coups arrivèrent de façon régulière après cela. Chaque joueur des Clippers me rentrait dedans aussi souvent qu'il le pouvait. Je fus régulièrement cinglé par-derrière. On m'asséna des charges avec la crosse, on me fit trébucher, on me retint et on me donna du coude. Quand quelqu'un m'enfonça avec son avant-bras le visage dans la vitre, je fis une pirouette sur mes patins. Mon casque tomba et je me retrouvai debout orteil contre orteil face au gigantesque centre. Il ôta ses gants d'un geste rapide, écarta ses patins, leva les poings et me fit une grimace.

« Tu vas faire quoi, baiseur de squaw ? » demanda-t-il.

Je jetai un œil vers notre banc. Virgil était là, debout, en train de me regarder. Au moment où je me baissais pour récupérer mon casque, les huées s'abattirent depuis les tribunes. Partout des déchets jonchaient la glace. La foule était enragée. De retour sur le banc, je m'effondrai et bus à grands traits à la bouteille d'eau. Je sentais que tous mes coéquipiers me regardaient. Je fixai mes pieds.

« T'as pas besoin d'encaisser les coups bas, Saul, dit Eagle Chief. Rends-leur, à ces salauds.

— Ce n'est pas mon jeu, répondis-je.

— Apparemment, il vaudrait mieux que ce le soit. »

Quand je retournai sur la glace pour ma présence suivante, la foule me tomba aussitôt dessus.

« Hé, c'est Chef Poule Mouillée ! »

« Les Injuns sont censés porter leurs peintures de guerre, pas du maquillage ! »

« File-leur des coups avec ton sac à main, Indian Horse ! »

Lorsque je me penchai pour la mise au jeu, leur centre m'envoya un baiser.

« Chatoune », dit-il avec un sourire méprisant.

Quand le palet tomba sur la glace, il frappa si fort ma crosse qu'elle m'échappa. Quand je m'éloignai, il leva les mains en direction de la foule qui hurla.

Ils s'acharnèrent sur moi pendant tout le match et, quand il fut terminé, j'étais couvert de contusions et d'ecchymoses. Et nous perdîmes. Ce qui faisait bien plus mal. J'étais assis dans le vestiaire en train d'appliquer de la glace sur les parties les plus douloureuses.

« Des durs, dit Virgil.

— On aurait pu gagner, dis-je.

— Difficile quand on ne te laisse pas patiner.

— Et les arbitres, ils étaient où, bon sang ?

— Tu parles comme un pleurnicheur.

— Dis, t'as vu comment ils m'ont traité.

— Ouais. J'ai vu. J'ai vu comment tu as réagi, aussi.

— Tu crois que je suis une poule mouillée ?

— Je crois que tu as la trouille, ouais. J'aurais la trouille si j'avais ta taille. Il y a quelques balèzes dans ce tournoi. Ça ne va pas devenir plus facile maintenant qu'ils savent comment te ralentir. »

Virgil avait raison. Ça ne devint pas plus facile. Ça devint pire. Chaque équipe que nous affrontâmes après cela envoya contre moi ses plus balèzes et ses plus durs. Ils envoyèrent contre nos autres lignes leurs joueurs les plus rusés, de sorte que quand mes coéquipiers essayaient d'infliger une mesure punitive, ils étaient pénalisés et jouaient très souvent en infériorité numérique. Les Moose luttèrent. Mon corps était douloureux. Mes cuisses avaient reçu tant de coups de crosse que je sentais un début de crampes. Lorsque nous nous dirigeâmes vers la glace pour notre dernier match, un match que nous devions gagner pour rester dans le tournoi, je ne savais pas si j'en avais la force. Autant que je me souvienne, c'était la toute première fois que je ne parvenais pas à trouver la vision. C'était comme si je ne pouvais pas lire le jeu et j'en étais désespéré. J'avais l'impression d'être un raté. Pour ma première présence au cours de ce match, je fus repoussé rudement contre la bande par les deux défenseurs de l'équipe adverse et, en supplément, ma tête fut écrasée contre la vitre. Quand je me retournai, le plus costaud des deux me frappa à la poitrine et je retombai contre la bande. Il attendit pendant que je me reprenais, que je remettais mon casque correctement sur ma tête et que je repartais sur mes patins. Il cracha devant mes pieds tandis que la foule huait avec vigueur.

Lorsque j'eus terminé ce temps de jeu, je revins à notre banc et redressai la tête pour m'asperger le visage avec une bouteille d'eau. C'est alors que je les sentis. Les crachats. Il pleuvait des crachats depuis les sièges derrière nous et j'entendis la foule m'insulter et taper sur la vitre. Quand je me retournai, je me retrouvai nez à nez avec un garçon qui devait avoir neuf ans. Il cracha sur la vitre. « Putain de poule mouillée », articula-t-il. L'homme debout près de lui pressa son épaule.

À présent, l'assistance entière était debout et gesticulait en direction de notre banc. Après avoir sifflé un arrêt de jeu, l'arbitre patina jusqu'à hauteur de l'annonceur avec le haut-parleur. Il fallut cinq bonnes minutes à la foule pour se calmer. Pendant qu'on dégageait les détritus de la glace, nous allâmes dans notre vestiaire. Je m'assis tête baissée et personne ne dit mot. Lorsque je regardai autour de moi, personne ne voulut croiser mon regard.

Il est des fois en ce monde où il faut se voir sans complaisance. Le défi qu'on ressent est celui qui ronge les tripes. Je savais que mon équipe voulait que je riposte. Ils voulaient que je me batte à mains nues. Mais je ne le voulais pas. Je ne voulais pas abandonner ma vision du jeu. Je ne voulais pas laisser partir le rêve que j'en avais, la liberté, le soulagement qu'il m'apportait, la joie que ce sport me donnait. Ce n'était pas le sport de quelqu'un d'autre et on n'allait pas me l'enlever. Le Père Leboutilier avait dit que c'était le sport de Dieu. Mon esprit n'était pas prêt à accepter cette idée. Mais je savais pertinemment que ce sport était toute ma vie. J'étais assis là, dans ce terrible silence et je fulminais. J'étais furieux, et quand l'arbitre frappa à la porte, je me levai en même temps que les autres pour retourner sur la glace. Je suivis le couloir à pas lourds avec eux et quand j'arrivai au banc, je me tournai pour faire face à la foule. Je levai ma crosse vers eux, montai sur la glace et repris le match.

Pas un seul de ces joueurs ne put me suivre.

33

Deux choses résultèrent de ce tournoi. La première, c'est qu'il m'endurcit. Je refusais de me battre, mais j'étais mieux à même d'affronter les trucs violents après cela : tricoter à toutes jambes, me servir de mon poids pour traverser la masse des joueurs et faire la passe qui éviterait les barrages mis en place sur mon chemin. J'ignorai les cinglages, les dardages et les coups de coude. Je ne compris jamais à quoi cela servait de se battre. Ils envoyaient toujours leurs brutes pour me pousser à la violence. Mais jamais je ne me battis.

La seconde, ce furent les coupures de presse. La lutte avait été colossale, mais nous nous étions défendus afin de gagner cet important tournoi. Lorsque nous reprîmes la route de Manitouwadge, tous, sans exception, nous étions épuisés. Exténués. Mais nous l'avions remporté. Dans l'attitude négative de l'assistance et des autres équipes, il y avait quelque chose qui nous avait poussés à faire mieux. Mes coéquipiers avaient voulu que je jette mes gants et que je me mette à distribuer des coups de poing, mais ils avaient tous senti pleuvoir les crachats et chaque joueur des Moose avait pris ça comme une attaque personnelle.

Nous fîmes tout pour atteindre l'excellence, pour leur montrer que ce sport nous appartenait, à nous aussi. Nous fûmes donc les champions et il y eut des articles sur nous dans tous les journaux. Virgil conserva les coupures dans une chemise en plastique.

Peu après que ces histoires parurent dans les journaux, nous commençâmes à voir un inconnu dans les tribunes. C'était un Blanc, grand, mince, coiffé d'un chapeau cabossé et d'un long trench gris. Il portait des claques à fermeture Éclair, de ces couvre-chaussures en caoutchouc qu'on ne voit jamais dans le Nord. Il fit son apparition au cours d'un tournoi à Osnaburgh, puis lors d'un autre à Pickle Lake. Il était dans les tribunes pendant l'important tournoi de Batchewana et tandis que nous regagnions notre vestiaire d'un pas lourd après avoir gagné la demi-finale, le mot « dépisteur » fut murmuré dans la file. J'étais assis sur le banc, une serviette drapée autour du cou, et tout le monde me regardait. De gros visages au teint mat. De profonds yeux noirs. Des visages indiens, parfaitement stoïques et placides, m'observant avec une attention qui m'énervait un peu.

« Quoi ? demandai-je.

— Il est là pour toi, Saul, dit Ernie Jack tranquillement.

— Qui ça ?

— Le dépisteur.

— Personne ne sait si c'est un dépisteur ou pas. »

On frappa à la porte et Virgil alla ouvrir. Le Blanc était là, les mains enfoncées dans les poches de son manteau. Virgil et lui parlèrent à voix basse pendant un petit moment. Il n'y avait pas un bruit dans ce vestiaire. Personne n'entreprit de se changer. Je voyais l'homme balayer la pièce du regard et, quand ses yeux tombèrent sur moi, il les plissa. Puis il donna une tape sur l'épaule de Virgil et Virgil ferma la porte. Il traversa la pièce et vint s'asseoir à côté de moi. On aurait entendu une mouche voler.

« Ce gars s'appelle Jack Lanahan. Il est dépisteur pour les Maple Leafs, dit Virgil. Il dit qu'il aimerait te parler.

— De quoi ? »

Virgil rit et donna une claque sur ma genouillère.

« Bon sang, Saul, de quoi crois-tu qu'un dépisteur de ce calibre parle ? Il pense que tu pourrais jouer dans la Ligue nationale de hockey.

— Je n'ai jamais quitté le Nord.

— Ben, c'est peut-être l'occasion.

— Jamais je n'ai pensé aller ailleurs.

— Parce que personne ne t'a jamais dépisté avant. Va lui parler. »

34

Je trouvai Lanahan assis dans les tribunes, en train de lire un magazine sportif. Ses sourcils relevés faisaient paraître son nez plus long et ses petites lunettes lui donnaient l'air surpris de ce qu'il lisait. Il referma le magazine à mon approche et le fourra dans sa poche. Il se leva et me serra la main.

« Jack Lanahan, Saul. Enchanté.

— Moi aussi.

— Ton capitaine t'a dit ce que je fais ici ?

— À peu près.

— Et alors, t'en penses quoi ?

— Pas grand-chose. »

Il rit et s'assit, tout en m'invitant à faire de même. Je m'assis quelques sièges plus loin.

« Cette attaque au cours de la troisième période ? Tu as gardé le palet quarante-huit secondes. Tu t'es faufilé d'une extrémité à l'autre, tu as manié le palet en zigzaguant un petit moment et puis tu as fait cette passe arrière à ton défenseur gauche qui arrivait à fond de train derrière toi depuis la ligne bleue. Comment savais-tu qu'il arrivait ? »

Lanahan ôta ses lunettes, en replia soigneusement les branches, et les glissa dans la poche intérieure de son manteau. Il croisa les jambes et joignit les mains sur ses genoux. Lorsqu'il me surprit en train de l'observer, il se contenta de sourire et d'allonger un bras sur le dossier du siège à côté de lui. Patient. Calme. Sans broncher.

« C'était là qu'il était censé aller, répondis-je.

— Et si ça n'avait pas été le cas ? »

Je le regardai et haussai les épaules.

« Ça l'a été », répliquai-je.

Lanahan se remit à rire et j'en entendis l'écho dans le stade vide.

« Oui, ça l'a été. Mais pourquoi attendre pour passer le palet ? Tu aurais pu tirer.

— C'est un sport d'équipe, dis-je.

— Ce n'est pas l'impression que ça donnait pendant les quarante-huit premières secondes.

— Le temps s'arrête quand le palet est dans le filet. »

Il donna un coup de pied dans le dossier du siège devant lui.

« C'est exact, n'est-ce pas ? Saul, je pense que tu pourrais jouer à un niveau supérieur. Je pense qu'avec un entraînement adéquat et dans un environnement adéquat tu pourrais jouer chez les pros. Tu es incroyablement rapide. Tu as un talent naturel comme je n'en ai encore jamais vu et tu sais encaisser les coups malgré ta taille. Que dirais-tu de ça ?

— De quoi ?

— De devenir pro.

— Je n'y ai jamais pensé.

— Bon, réfléchis-y maintenant, parce que je pourrais t'obtenir de faire un essai avec les Marlboros de Toronto. Ils jouent Major Junior A. Ils sont le club-école des Maple Leafs.

— On a essayé de jouer à des niveaux supérieurs. C'est nul.

— Les Marlies, ce n'est pas Espanola, Saul. »

Il me regarda posément. De toute évidence, il avait fait ses recherches. Je fixais la glace derrière lui. Il attendait la suite. Je me penchai en avant sur mon siège. « Glace blanche, joueurs blancs, commentai-je. Vous n'allez pas me dire que ce n'est pas la même chose partout ? Qu'ils ne pensent pas que ce jeu est le leur, où qu'on aille ? »

Il prit son temps avant de répondre.

« Ce n'est pas un pays parfait, mais c'est un sport parfait, dit-il.

— Ah bon ?

— Oui. C'est pour ça que tu joues.

— Comment le savez-vous ?

— Ça fait un bon bout de temps que je suis dépisteur, Saul. Je n'ai jamais pu pratiquer ce sport. Je n'avais pas le corps qu'il fallait. Mauvais yeux, mauvais gènes, rien dans la crosse, maniement du palet nul, tirs nuls. Mais je l'aime, ce sport. Mon Dieu. C'est pour ça que chaque hiver, je prends la route pour aller assister à des centaines de matchs dans des centaines de bleds paumés. Les villes et les joueurs sont tous différents, mais le jeu est toujours le même : vitesse et puissance priment. La grâce et la poésie du hockey rendent les hommes beaux. C'est le frisson que procure ce sport qui fait lever les spectateurs de leurs sièges. Les rêves se matérialisent là, sous leurs yeux, d'un coup de baguette, une crosse et un palet leur donnent vie sur cent quatre-vingts pieds de glace. Les joueurs ? Les bons ? Les grands ? Ce sont ceux qui ont le potentiel pour exploiter cet instant magique. Ils sont des magiciens. Ils ne font qu'un avec le sport : il les élève au-delà même de leur vie aussi. C'est ce qui t'arrive, n'est-ce pas ? »

Je le fixai droit dans les yeux et il soutint mon regard.

« Oui, finis-je par répondre. C'est comme ça depuis le tout début.

— Et ça se voit quand tu montes sur la glace. Je ne crois pas que tu la voies comme les autres joueurs, Saul. Je crois que tu la vois selon une autre perspective. Il te faut un moment pour y arriver. Je t'ai vu assis, attentif, en train d'observer et de lire l'énergie. Tu lis le déroulement du match et une fois que tu l'as compris, tu sautes sur la glace. Ces passes aveugles ? Elles ne sont pas si aveugles que ça, non ?

— Non.

— Tu sais comment utiliser la glace à ton avantage, Saul. C'est pour ça que tu devrais jouer à un niveau supérieur. Tu perds ton temps ici.

— Je n'ai jamais été autre chose qu'un Moose. »

Il se tourna sur son siège pour me faire face.

« Je sais. Mais ils t'ont amené aussi loin qu'ils le pouvaient.

— Je ne peux pas m'en aller comme ça.

— Si, tu peux. Et ils vont le vouloir.

— Comment le savez-vous ?

— Parce que eux aussi aiment ce jeu. »

35

Il leur fallut trois semaines avant de me parler. Nous participâmes aux tournois prévus au calendrier et nous jouâmes bien, mais il y avait une énergie nouvelle dans l'équipe, pas seulement sur la glace, sur le banc et dans le vestiaire aussi. Pleine d'attente. Pleine d'espoir. Je ne savais pas ce qu'on voulait que je dise, alors je me contentais de jouer comme d'habitude. Nous revenions de Pic River dans le bus neuf de l'équipe quand quatre d'entre eux vinrent me voir : Virgil, Ernie Jack, Luis Greene, Little Chief. Ils s'agglutinèrent autour de mon siège tandis que je gardais le visage tourné vers la fenêtre.

« Il faut que tu y ailles, Saul, dit Virgil.

— Je ne veux pas.

— Ça n'a pas d'importance, dit Little Chief.

— Pourquoi ?

— Parce que tu as été appelé.

— Je ne te suis pas. »

J'avais les yeux rivés sur le paysage qui défilait, dessinant des éminences spectrales dans la nuit sans lune.

« On pratique tous ce sport dans l'espoir qu'un jour viendra où quelqu'un nous demandera de jouer avec les grands. Personne n'en parle jamais. Ça peut paraître stupide, compte tenu qu'on n'est rien d'autre que des Moose, mais on en rêve quand même, dit Little Chief.

— Et alors, ça veut dire quoi pour moi ? »

Ernie Jack se pencha de façon que je puisse le voir. Il était costaud, avait un torse massif, de sorte qu'il engloutissait une bonne partie de l'obscurité. Il me donna un coup de poing sur la cuisse.

« Ça veut dire que tu vas en sortir. J'ai vingt-trois ans. Je travaille dans l'équipe de nuit de cette foutue mine et, ça, depuis que j'ai seize ans. J'y resterai jusqu'à ce qu'elle me tue ou que je sois trop vieux, bon sang. Je n'ai aucun moyen d'en sortir. Ça ne me dérange pas. J'ai Emma et j'ai les enfants, et j'ai les Moose jusqu'à ce que je sois sacrément trop vieux pour ça aussi. Mais quelqu'un s'est penché sur toi pour mettre des éclairs dans tes jambes, Saul. Quelqu'un a mis la foudre dans ton tir du poignet et des yeux derrière ta sacrée tête. Tu es fait pour ce sport. Alors il faut que tu fasses de ton mieux pour nous tous qui n'allons jamais sortir de Manitouwadge.

— Et si je n'y arrive pas ?

— Tu vas y arriver, dit Ernie.

— Tu crois ça ?

— Ce n'est pas à moi de le croire. »

Je me tournai pour regarder l'ombre triangulaire que les arbres projetaient dans le ciel. La seule chose que je voulais, c'était jouer au hockey. Je ne voulais pas être obligé de choisir.

« Quelque chose de grand va t'arriver si tu restes ici, Saul. »

C'était Little Chief. Je me retournai pour le regarder et tout ce que je pus voir, ce fut le contour de sa tête en forme de tonneau.

« C'est quoi ? demandai-je.

— Eh bien, je vais me réveiller dans dix, quinze ans et je vais continuer à marcher d'un pas lourd pour me rendre à la patinoire et je vais te voir décrire des cercles sur la glace avec le palet. Je vais te voir comme je t'ai toujours vu. Comme quelque chose de sacrément spécial. Et je vais avancer jusqu'à cette bande, quinze années plus tard, tout raide et perclus de douleurs à force de traîner du bois d'œuvre à longueur de journée et je vais te voir là, en sachant que tout aurait pu être différent. Que j'aurais pu vivre une partie de mon rêve à travers toi. Mais tu seras encore ici. Alors la grande chose qui va t'arriver ? C'est que je vais te faire passer par-dessus cette bande et te botter sérieusement le derrière pour avoir tout foutu en l'air. Pour ne pas avoir répondu à l'appel. »

Il donna une grande tape dans le dossier du siège et je sentis l'émotion le travailler. Je regardai Virgil.

« Tu en penses quoi ?

— Je pense que tu as une dette envers moi.

— Une dette envers toi ?

— Ouais.

— Je te dois quoi ?

— Tu me dois ce sport.

— Comment ça ?

— C'est moi qui ai dit : d'accord, tu patines avec nous. Mon père t'a sorti de cette école et t'a amené ici. Mais c'est moi qui ai dit oui pour l'équipe. J'aurais pu dire que tu devrais jouer bantam ou midget. Mais j'ai vu ce que tu pouvais faire et je savais que tu pouvais rendre cette équipe meilleure. Si tu n'avais pas été un Moose, tu ne serais nulle part. Personne ne t'aurait vu, n'aurait entendu parler de toi, n'aurait su qui tu étais. Il n'y aurait pas eu de dépisteur pour frapper à la porte du vestiaire. Alors, oui, Saul, je t'ai donné ce sport et tu as une dette envers moi.

— Et si je ne pars pas ?

— Alors, je vais penser que tu es un lâche. Que tu te laisses abattre sans même essayer.

— Et si je ne suis pas assez bon ? »

Il rit, et les autres rirent aussi.

« Tu es un métamorphe, Saul, tu t'adaptes à chaque situation. Nous le savons tous. La LNH n'a encore jamais vu de métamorphe. Crois-moi, tu seras assez bon.

— Tu en es sûr ?

— Comme il t'a dit, ce n'est pas à moi d'en être sûr. »

36

Finalement, je terminai la saison et j'acceptai de rejoindre le camp d'entraînement des Marlboros à l'automne suivant. Je ne voulais pas subir la pression d'atterrir là-bas en plein milieu de leur saison. Je ne voulais pas quitter Manitouwadge comme ça. J'en étais arrivé à me sentir chez moi, avec les Moose, la famille Kelly et en ville. J'allais en classe, j'avais commencé à travailler à temps partiel dans l'un des moulins à scie, j'étais connu partout où j'allais. J'étais venu dans un coin du monde où je pourrais vivre pour toujours. Où je voulais vivre pour toujours. Je ne pouvais pas partir avant d'être prêt.

Me préparer fut difficile, mais Virgil resta à mes côtés. Nous courions dans les collines à l'extérieur de la ville. Nous faisions des successions de courts sprints sur les versants accidentés et il me poussait au bout de mes limites comme jamais on ne l'avait fait auparavant. Il coupait un tronçon de bouleau de huit pieds de long, que je devais mettre sur les épaules pour remonter la colline en courant ainsi chargé. Il m'obligeait à bondir par-dessus les éboulis de rochers, comme nous l'avions fait, le Père Leboutilier et moi, sauf que maintenant je le faisais avec un chargement de trente livres sur le dos. Il fabriquait un harnais avec un manche à balai et de la corde, que j'utilisais pour soulever du sol des sacs de ciment de cinquante livres en faisant tourner mes poignets. Nous allions à la décharge, où il disposait des rangées de pneus entre lesquels il fallait que je saute d'avant en arrière, pieds attachés. Quand je finis par y parvenir sans difficulté, je dus accélérer. Il m'arrivait souvent de tomber au milieu des détritus. De temps à autre, il m'emmenait dans les bois pour que j'abatte un arbre. Cela prenait des heures, dans mes mains, la hache devenait de plus en plus lourde à mesure que je m'acharnais. Après cela, nous en débitions toute la longueur à l'aide d'une scie et nous portions les branches et les résidus de coupe sur un tas pour les brûler. Puis je devais porter les rondins jusqu'au camion, d'où il me regardait les fendre avec une masse de trente livres, pour en faire du bois de chauffage. C'était un travail immensément difficile, mais je devenais plus fort. Je devenais plus maigre. Je me sentais puissant.

Quand arriva le moment de partir, il m'accompagna au bus. Je dis au revoir à Fred, à Martha et aux gars des Moose, mais ce fut Virgil qui m'emmena au terminus Greyhound. Manitouwadge était paisible. C'était la fin août. J'avais presque dix-sept ans. J'avais atteint la taille que j'aurais toujours, mais Virgil avait réussi à bourrer de muscles la moindre parcelle de mon corps. Mes avant-bras étaient gonflés comme ceux de Popeye et mon pantalon collait à mes robustes cuisses. Nous échangeâmes peu de mots en traversant la ville à pied. Dans la chaleur de fin d'été, le soleil renvoyait des chatoiements depuis la chaussée. Les mouches bourdonnaient autour de nos visages. La résine de pin et le soufre nous piquaient le nez.

« Cette ville va me manquer, dis-je.

— Manitouwadge ? Rien ne va te manquer, franchement.

— J'ai l'impression d'avoir grandi ici.

— Je crois que c'est le cas. Tu étais un jeune chiot affamé quand tu es arrivé ici. » Il me donna un coup de poing sur l'épaule.

« Tu as travaillé sacrément dur, Saul. Tu t'en sortiras bien là-bas.

— Ils m'ont trouvé un hébergement dans une famille blanche.

— Ouais. Il ne doit pas y avoir beaucoup d'Indiens là-bas. Je n'y suis jamais allé, à Toronto. Mais j'ai du mal à imaginer qu'il y ait beaucoup de Peaux-Rouges prêts à vouloir rester dans une telle concentration de fumée et de bruit. »

Il s'arrêta pour allumer une cigarette. Il me l'offrit et je tirai une longue bouffée avant de la lui rendre, même si je fumais rarement. Nous nous assîmes sur les marches devant le terminus des bus et observâmes le peu de circulation qui défilait.

« Tu es comme un frère pour moi. Tu vois ce que je veux dire ?

— J'avais un frère autrefois, dis-je.

— Qu'est-ce qu'il lui est arrivé ?

— Je n'en parle jamais. »

Il éteignit sa cigarette sur une marche.

« Mon père ne parle jamais de l'école, dit-il. Ma mère non plus. Et ils ne disent rien de ce qui s'est passé avant. Peut-être que quelqu'un t'a tout simplement donné l'occasion d'effacer toute la merde du tableau une bonne fois pour toutes. »

Il me regarda.

« Je ne connais pas grand-chose sur grand-chose. Mais s'il y a un truc dont je suis sûr et certain, Saul, c'est que tu as été envoyé ici-bas pour jouer au hockey.

— Et si je n'y arrive pas là-bas ?

— Ben, tu n'y arriveras pas, mais au moins, tu y seras allé et tu auras tout tenté.

— Virgil ? Merci pour tout.

— Ne prends pas un ton aussi définitif que ça, bon sang. Tu peux revenir quand tu veux.

— D'accord.

— D'accord. »

Pendant que nous démarrions, il resta debout à côté du bus, une main en visière au-dessus des yeux pour se protéger du soleil, l'autre levée comme en signe d'hommage. Quand le chauffeur engagea le bus dans la rue principale, Virgil disparut. J'étais calé sur mon siège, les yeux rivés sur le sol. J'avais envie de pleurer, mais je ne le fis pas. Au lieu de cela, je regardai le paysage. Je vis défiler lacs, rivières, arbres et pointes rocheuses gigantesques avant de finir par m'endormir.

37

Toronto était une chimère, pensai-je aussitôt que je la vis. J'avais découvert l'existence de ce monstre dans un livre sur la mythologie, que j'avais emprunté à la bibliothèque de Manitouwadge. La chimère était une bête à tête de lion crachant du feu, avec un corps de chèvre et une queue de serpent. J'aimais la mythologie. Ces histoires me rappelaient celles que ma grand-mère racontait le soir, tard autour du feu. Les lire me faisait du bien. Je lisais beaucoup quand j'étais chez les Kelly. Tout le temps que j'avais passé à l'école, les livres m'avaient offert un refuge et ils représentaient encore la sécurité : quel que fût le coin où je me blottissais pour lire, c'était un lieu sûr. Mais Toronto était comme une chimère – une grossière combinaison d'éléments disparates. C'était un insensé fatras de vitesse, de bruit et de personnes. Cette ville desséchait mes yeux et j'avais toujours dans la bouche le goût de la suie, du mazout et de l'essence. Il y avait des arbres, mais aucun des grands pins, ni des épinettes, ni des sapins auxquels j'étais habitué. Il n'y avait pas de rochers. Il n'y avait rien de sauvage. La seule fois où je sortis tard le soir et où je surpris un raton laveur au milieu du tas de poubelles, nous nous dévisageâmes avec stupéfaction. Lui en voyant un Indien au milieu de ce fouillis de verre, d'acier et de béton, moi en voyant une créature faite pour l'arrière-pays où le vent est porteur de traces d'animaux plutôt que d'effluves de pourriture et de décomposition. J'étais hébergé par un vieux couple du nom de Sheehan. Les Irlandais aussi formaient une tribu, je présume, parce que c'était Lanahan qui avait organisé cet arrangement. Les Sheehan étaient des amateurs de hockey. Patrick avait joué jusqu'à ce qu'une blessure au genou mette fin aux choses quand il avait trente-neuf ans, et ce sport avait aussi fait partie de la vie d'Elissa, sa petite amie de lycée. Ils étaient supporters des Leafs et les souvenirs qui décoraient leur maison reflétaient leur passion. Sur un des murs de la chambre où ils m'avaient installé, il y avait un fanion des Maple Leafs de Toronto, ainsi qu'un gigantesque couvre-lit et une descente de lit des Leafs. Les couloirs étaient couverts des photos de tous les joueurs qu'ils avaient hébergés et qui avaient intégré la LNH.

Ils étaient gentils avec moi. Elissa cuisinait de superbes dîners et je pouvais me servir dans le réfrigérateur à toute heure de la journée. Patrick était intarissable sur tout ce qui avait trait au hockey. Il me régalait d'histoires sur George Armstrong, Jim Neilson et un jeune Indien prometteur du nom de Reggie Leach qui, selon ce qu'on racontait, allait mettre le feu aux livres des records.

« Comme ça, un chemin a été tracé pour toi, Saul. Les joueurs autochtones ne sont pas inconnus au sein de la LNH. »

Je suppose qu'il n'y avait qu'en dehors de la LNH que nous étions inconnus. Lorsque j'arrivai au camp d'entraînement des jeunes recrues, j'étais le seul visage à la peau mate de la pièce. Quand les matchs d'entraînement débutèrent, aucun des autres joueurs ne me fit participer, ni n'envoya le palet dans ma direction. Ils n'étaient ni brutaux, ni violents. Ils m'ignoraient, c'est tout. Je patinais autour du périmètre de jeu comme si je n'existais pas. Mais mon Dieu, ce qu'ils étaient rapides. C'étaient tous de grands patineurs et la précision avec laquelle ils jouaient était époustouflante. C'étaient des joueurs d'élite puisés dans des équipes d'élite, c'était donc un plaisir de les regarder. Je me fichais pas mal d'être laissé à l'écart. Ça me donnait du temps pour lire leur jeu.

Le deuxième jour, nous fûmes scindés en deux groupes, les rouges et les bleus. On me donna un chandail rouge et je me mis en rang le long du banc pour connaître ma ligne et ma position. Je fis un signe de tête à mes nouveaux équipiers, mais ils ne me rendirent pas mon salut. Il s'agissait de la première pratique au cours de laquelle des joueurs seraient éliminés et il y avait une grande tension dans l'air. Les Marlboros pouvaient accueillir trois nouvelles recrues cette année-là et nous étions trente au camp. Les avants traversaient la zone neutre comme des fusées. Les défenseurs faisaient des passes comme si c'étaient des tirs au but, aussi puissantes et précises que des coups de fusil. Les gardiens étaient souples et rapides comme des chats. J'étais stupéfié par ce que je voyais. Quand notre ligne monta sur la glace, je jouai à l'aile droite et je patinai en m'émerveillant de la vitesse et de la dextérité des hockeyeurs. Lorsque nous retournâmes au banc, mon centre me donna un fort coup de coude dans les côtes.

« Patine, siffla-t-il. Si tu me discrédites, je te casse la figure.

— Entendu », répondis-je. J'abaissai fermement mon casque sur ma tête.

À la présence suivante, je tins parole. J'étais transporté par les pétillements d'énergie qui m'entouraient et quand j'entrai dans le jeu pour la première fois, je me sentis plus rapide et plus agile que jamais auparavant. Ces joueurs étaient parmi les meilleurs du pays. Ils m'obligeaient à forcer rien que pour me démarquer. Mais les muscles que Virgil m'avait fait développer me servirent bien. Quand les joueurs les plus costauds me coincèrent, je réussis à les repousser. Quand ils tentèrent de m'immobiliser contre la bande, mes jambes étaient assez puissantes pour me dégager de ce barrage. Je ne sentais même pas les épisodiques cinglages et les charges avec la crosse. Ces joueurs étaient si rapides, si disciplinés, si précis que ça me poussait à aller chercher plus loin, à me battre plus dur, à patiner plus résolument. Finalement, au cours de ma cinquième présence, je patinai d'un bout à l'autre de la glace avec le palet. Je fis le tour du filet adverse, je décrivis une boucle dans le cercle de mise au jeu et je fis une passe du poignet sur la crosse de notre ailier gauche, qui l'envoya dans le filet ouvert. Je retournai au banc et m'effondrai à côté de notre centre à qui je donnai un petit coup de coude dans les côtes.

« Patiner ? demandai-je. Comme ça, tu veux dire ? »

Il regarda droit devant lui.

38

J'intégrai l'équipe comme jeune recrue et j'avais une nouvelle arme dans mon arsenal, à présent : la confiance. J'avais confiance en ces joueurs d'élite : ils iraient au bon endroit, prendraient les bonnes initiatives, se placeraient exactement là où ils devaient être. Mes passes constituaient l'alliage qui soudait nos attaques. J'adorais cette sensation de savoir que j'avais envoyé quelqu'un dans un espace dégagé, que j'avais laissé un trou dans leur défense, une voie qui menait à l'entrée de la zone des buts et à cette lumière rouge clignotante. Je marquais quand je pouvais, seulement mes passes devinrent électriques. J'intégrai les Marlboros comme centre. Comme stratège. Comme patineur.

Si la seule arène dans laquelle j'étais testé avait été le stade de hockey, j'aurais gagné même lors d'une débâcle générale. Mais ce n'était pas le cas. J'étais toujours le petit Indien du nord de l'Ontario. Au cours d'une interview pour la presse à la suite de l'annonce de mon recrutement dans l'équipe, j'avais raconté avoir appris à jouer au hockey avec des crottins de cheval en guise de palets et chaussé de vieilles bottes. Ce qui fit de moi un être encore plus bizarre.

Peu importait ce que je faisais, je demeurais l'étranger. Mes coéquipiers ne m'appelaient jamais Chef, mais ils n'utilisaient pas non plus mon nom. Ils ne m'appelaient jamais autrement que « treize ».

« Le treize ne parle pas beaucoup.

— J'ai entendu dire qu'ils étaient comme ça. »

Ou : « Le treize ne sourit jamais.

— Aucun d'eux ne sourit. »

Il n'empêche qu'ils réceptionnaient mes passes. Ils me laissaient foncer à toute vitesse sur la glace avec le palet. Parfois ils me permettaient de mener le match, dans l'attente que je leur envoie le palet. Mais ils sortaient d'un système qui puisait les jeunes élites dans la masse pour en faire des joueurs d'exception. Ils avaient grandi avec des papas et des mamans fous de hockey, qui les conduisaient à l'entraînement au petit matin dans les rues encore endormies, avec des entraîneurs qu'ils connaissaient depuis des années et qui les poussaient à l'excellence, des supporters qui attendaient de grands résultats de leurs petits surdoués. Ces gars n'étaient pas mesquins. Ils n'étaient pas méchants. Ils étaient seulement indifférents et c'était autrement plus douloureux. Je quittais le refuge des matchs pour marcher dans les rues de la ville dans un état proche du désespoir. Je ne vivais que pour le coup de sifflet qui annonçait le début du match.

Chaque équipe que nous affrontâmes durant cette saison était de la même étoffe que les Marlies. Les joueurs étaient rapides, précis, sans pitié et créatifs. C'étaient des guerriers. Ils jouaient à un tel rythme que la seule chose que j'avais à faire, c'était fermer les yeux sur le banc pour que la vision m'arrive aussitôt. Je fus un tourbillon au cours de ces premiers matchs et personne ne put manquer de le remarquer. Pourtant la presse ne me laissait jamais tranquille. Quand je frappais quelqu'un, ce n'était pas qu'une mise en échec, mais c'était pour « compter coups[1] ». Quand je fonçais sur la glace et que l'assistance se levait, je « faisais un raid ». Si, par inadvertance, il m'arrivait d'élever ma crosse au cours d'une empoignade dans un coin, je « prenais des scalps ». Quand je ne réagissais pas à une pénalité, j'étais un « Indien stoïque ». Un journaliste me décrivit en train de traverser en trombe la ligne bleue adverse, le palet sur la crosse : j'avais l'œil brillant d'un guerrier en peintures de guerre à l'assaut d'un convoi de chariots. Ce sport si bien ordonné et à la vitesse explosive, que j'apprenais à pratiquer, m'enthousiasmait. Je voulais atteindre de nouveaux sommets, être l'une des rares étoiles. Mais ils ne voulaient pas me laisser être tout simplement un hockeyeur. Il fallait toujours que je sois un Indien.

Les supporters prirent le relais. Au cours d'un match, ils se mirent à entonner un ridicule chant de guerre chaque fois que je montais sur la glace. Au cours d'une autre, l'annonceur fit passer la bande sonore d'un mauvais western. Quand je marquais, la glace était jonchée de poupées indiennes en plastique, et une fois, quelqu'un lança des crottins de cheval sur la glace devant notre banc. Dans l'un des journaux, un dessin humoristique me montrait coiffé d'un casque de hockey décoré de plumes d'aigle, portant une lance de guerre en guise de crosse de hockey. Il était accompagné de la légende suivante : « Bienvenue au nouvel homme Marlboro. »

1. Lorsque des tribus indiennes s'affrontaient, il suffisait que le guerrier touche l'adversaire avec le « bâton à coups » pour faire acte de bravoure. Ainsi « compter coups » équivalait à accumuler du prestige.

Bientôt les joueurs des autres équipes emboîtèrent le pas. J'étais sans cesse l'objet de railleries. Ils m'attribuaient des noms insultants : Indian Whores, Horse Piss, Stolen Pony. Coudes et genoux ne cessaient d'arriver sur moi. Je ne pouvais pas être sur la glace sans qu'il y ait quelque coup bas, menace ou injure. Et quand je refusais de riposter, mes coéquipiers se mettaient à laisser un vide autour de moi sur le banc. Je restais assis, seul, dans ce territoire désert, huit pouces de chaque côté de moi annonçant à tous que j'étais différent, que je n'étais pas bienvenu même parmi les miens. Ce qui finit par changer ma façon de jouer. S'ils voulaient que je sois un sauvage, c'est ce que j'allais leur donner.

J'entrepris de patiner avec l'intention délibérée de bien leur faire gober mon talent, à tous ceux qui me rabaissaient, qui me faisaient honte de la couleur de ma peau. Un soir où nous jouions contre les Knights de London, je fis, sans regarder, une passe du revers entre les jambes d'un joueur, par-dessus la crosse tendue d'un autre et le palet atterrit sur la crosse de notre ailier droit. Il marqua à la suite d'une belle échappée. Alors que nous retournions à notre banc, le centre des Knights me cingla derrière les genoux et je tombai sur la glace. Il n'y eut pas de coup de sifflet. La foule hurla. Mes coéquipiers rirent même. Il était alors assis sur le banc des Knights et je patinai nonchalamment jusque-là. Ils me regardèrent tous en faisant des grimaces. Je jetai mon gant droit à la dernière seconde et je lui envoyai mon poing en plein visage. J'en frappai trois avant qu'on m'escorte au vestiaire. Ce fut pour moi la fin de tout semblant de plaisir dans ce sport. Je devins un combattant. Si un joueur de l'équipe adverse me lançait la moindre remarque, je faisais tomber mes gants et je commençais à balancer des coups de poing. Tout coup douteux était une excuse suffisante pour une attaque et mes mises en échec étaient puissantes, brutales et vindicatives. J'étais amer. Je voulais que ce sport m'élève. Qu'il fasse disparaître le monde comme il l'avait toujours fait. Or, bien que Marlboro, je ne pus jamais être autre chose qu'un Indien. Alors je me mis à monopoliser le palet. Au lieu de faire des passes à mes coéquipiers démarqués, je patinais et partais à toute vitesse jusqu'à ce que je puisse tirer moi-même. Un soir, après avoir traversé la glace comme un bolide pour finir par marquer après un habile changement de direction à l'entrée de la zone de but, je tombai sur un genou à la ligne bleue de l'équipe adverse et fis semblant de décocher une flèche dans le filet avec un arc. Ça mit l'assistance en rage. L'autre équipe envoya leur joueur le plus costaud et le plus brutal après moi lors de la présence suivante et le combat qui s'ensuivit fut titanesque. Je reçus une pénalité de méconduite et partis au vestiaire, ensanglanté, mais bouillonnant de fierté.

« On ne t'a pas amené ici pour ça, Saul, me dit l'entraîneur des Marlies dans son bureau après le match. On t'a amené ici pour que tu sois un joueur. Pas un minable fier-à-bras.

— C'est que je leur donne ce qu'ils veulent, rétorquai-je.

— À qui ?

— Au public, à l'équipe. Vous n'avez pas lu les journaux ? Je suis le Peau-Rouge déchaîné.

— C'était une malencontreuse affaire, un article minable. Je suis désolé que tu aies eu à supporter ça, dit-il.

— Ouais, bon, peut-être que je suis plus fait pour un tomahawk que pour une crosse de hockey.

— Toi et moi savons que ce n'est pas vrai.

— Je suis l'Indien. C'est tout ce qu'ils voient. »

Il commença à me laisser sur le banc pendant de longues périodes durant les matchs. Quand je montais sur la glace, j'étais efficace. Je marquai vingt-trois points en neuf matchs. Mais depuis les estrades les railleries continuèrent, et je fulminai, bouillonnai et fus à la torture pendant cent vingt minutes au banc de pénalités. À cause de moi, les Marlies jouèrent de nombreuses fois en infériorité numérique et nous perdîmes sept de ces matchs. Ils finirent par me laisser en permanence sur le banc. Après avoir passé une soirée assis sur les estrades, je fis mon sac et pris un bus pour rentrer à Manitouwadge.

39

Je me souviens d'une fille de St. Jerome's. Elle s'appelait Rebecca Wolf et elle y était arrivée avec sa jeune sœur. Elles étaient belles. La première fois où je les vis, elles sortaient de la voiture qui les avait amenées à l'école. J'étais en train de ratisser l'herbe, mais je m'interrompis pour les observer. Rebecca vit que je regardais et me fit un petit sourire.

Rebecca avait une peau brun clair et des yeux pétillants. Elle était grande et mince, pas dégingandée comme les autres filles de son âge. Je la voyais à la chapelle ou dans les couloirs. J'essayais de faire en sorte qu'elle me remarque, mais ça ne s'est presque jamais produit.

La sœur de Rebecca, Katherine, était petite et timide. Elle avait peur des religieuses, mais quand elle essaya d'aller chercher du réconfort auprès de son aînée, elles la fouettèrent et l'enfermèrent dans un placard à balais pendant plusieurs heures d'affilée. Ensuite, elles commencèrent à la confiner dans la Sœur de Fer.

La dernière fois qu'elles remontèrent Katherine du sous-sol, elle était brisée. Elle se mit à mouiller son lit la nuit, et les sœurs la frappèrent à cause de cela. Elles la traînaient entre les rangées de lits et la fouettaient. Quand Rebecca tenta de la protéger, elle aussi gagna un séjour au sous-sol. Et pendant qu'elle était là-bas, Katherine mourut. Personne ne sut ce qui s'était passé. Elle alla se coucher et les autres filles la retrouvèrent morte au matin.

Elles ne firent revenir Rebecca de la Sœur de Fer qu'au bout de quatre jours. Quand elles le lui dirent, elle se contenta de regarder les sœurs en face, impassible. Puis elle fit lentement demi-tour, marcha jusqu'à l'entrée de l'école et, debout en haut des escaliers, elle hurla. Elle s'arrachait les cheveux et se lacérait le visage. Personne ne bougea pour venir à sa rescousse, de peur de représailles de la part des sœurs. Pourtant ses gémissements et ses sanglots nous touchaient au vif, nous les enfants.

Le soir suivant, j'étais seul dans la grange, en train de pratiquer mes tirs sur le lino. J'étais tellement absorbé par l'aspect mécanique de mon tir du poignet que je ne remarquai pas les toutes premières notes. Mais celles qui suivirent me firent relever la tête et écouter. Une voix vibrait dans l'air du soir et j'avançai jusqu'à la porte de la grange pour voir d'où elle provenait. Rebecca se tenait debout dans l'herbe du carré des Indiens, paumes levées vers le ciel, et elle chantait en ojibwé. C'était un chant funèbre. Je pouvais le dire aux sensations que faisaient naître les syllabes. Sa souffrance était si pure que j'eus l'impression qu'on m'arrachait le cœur. Je pleurai dans l'embrasure de la porte, offrant les prières que je pouvais pour l'esprit de sa sœur.

À aucun moment je ne vis le couteau. Pas avant que le chant ne s'arrête. Elle s'agenouilla dans la terre fraîchement retournée de la tombe de sa sœur, sortit le couteau de son manteau et le plongea dans son ventre. Quand je courus jusqu'à elle, une foule entière d'enfants se précipita depuis l'école. Elle était morte quand nous arrivâmes, du sang partout. Nous formâmes un cercle, les yeux rivés sur elle. Personne ne dit mot. Personne ne le pouvait. Mais quand quelqu'un se mit à reprendre le chant que Rebecca avait chanté, nous l'entonnâmes tous, la langue ojibwé hors-la-loi s'élevait dans les airs. À la fin, nous revînmes en file jusqu'à l'école, en passant devant les sœurs et les prêtres qui s'étaient rassemblés en bas des marches. Pas un de nous ne les regarda.

40

J'arrivai à Manitouwadge tard dans la soirée. Je marchai du bus jusqu'à la maison des Kelly, frappai à leur porte, puis j'attendis sur les marches, mon sac à mes pieds. Un instant plus tard, j'entendis des bruits de pas. La porte s'ouvrit et se referma, Virgil vint s'asseoir à côté de moi dans l'obscurité. Il alluma une cigarette. Nous restâmes assis à observer les lumières du moulin à scie.

« Qu'est-ce qui s'est passé ? demanda-t-il.

— Des conneries, répondis-je.

— J'ai lu ce qu'ils avaient écrit sur ton compte. Le Peau-Rouge déchaîné.

— Ça et d'autres choses. Beaucoup d'autres choses. »

D'une pichenette, il se débarrassa de son mégot que nous regardâmes virevolter dans la nuit avant qu'il atterrisse dans une ornière de la route.

« T'as arraché, n'empêche, hein ? finit-il par demander. Vingt-deux points en neuf matchs.

— Vingt-trois, corrigeai-je.

— Bon sang, Saul. La plupart des gars font ça en une saison.

— Pareil pour les minutes de pénalité.

— Il fallait bien que tu ripostes. Merde, je le sais. Content que tu aies enfin appris, en fait.

— T'as une place pour moi chez les Moose ?

— Diable, ouais. Mais la LNH, t'en fais quoi ? Avec des stats pareilles sur toute une saison en Major Junior, tu serais certain d'être recruté.

— Je veux juste jouer au hockey, Virg. Je ne peux pas avec ces conneries qui m'en empêchent. »

Il hocha la tête.

« Alors, tu vas faire quoi maintenant ?

— Prendre un travail, j'imagine.

— La mine ou le moulin à scie. C'est tout ce que tu pourras trouver dans le coin.

— Je sais. Ça te convient bien, à toi.

— Tu es né pour mieux que ça, Saul.

— C'est toi qui le dis. »

Nous restâmes assis dans l'obscurité et il n'y eut plus d'autres paroles. Le silence nous suffisait. Finalement, il tendit le bras pour me donner une claque dans le dos. Après qu'il fut rentré, je restai dehors un moment à regarder les étoiles. Quand le froid devint trop pénétrant, je pris mon sac et entrai dans la maison pour dormir.

41

Cet automne-là, Fred Kelly me fit embaucher dans une équipe de forestiers comme tronçonneur d'arbres morts, je devins ainsi un travailleur. Quand les arbres tombaient d'eux-mêmes ou quand le vent les abattait, je prenais une tronçonneuse et je les débitais en rondins que les débusqueuses pouvaient tirer jusqu'aux camions. C'était un travail pénible, mais il y avait dans ces efforts quelque chose que j'aimais. Je me mis à ramasser des rondins de huit pieds de long et à les extraire de tout ce fatras en les portant sur mes épaules. J'acquis la réputation de travailleur infatigable et scrupuleux, et au bout de quelques semaines, la société m'envoya dans un camp de bûcherons sur les rives du lac Nagagami.

Il fallait nous y rendre en hydravion et, nez collé au hublot, je regardais se dérouler en dessous le grand tapis vert de la nature. Lorsque nous atterrîmes, je la sentais autour de moi, comme la présence d'un être vivant. La vue depuis le dortoir était dégagée et magnifique. Toute crainte que j'aurais pu nourrir quant à mon expérience initiale dans la forêt comme bûcheron disparut. Je me tenais sur les rochers aux toutes premières lueurs du jour avant que quiconque ne se soit réveillé et je sentais la nature entrer en moi comme la lumière. Je fermais les yeux et la sentais. La nature était une présence. Elle avait des yeux et j'étais surveillé. Mais jamais, je n'eus l'impression d'y être un intrus. Le soir, tard, je marchais dans les bois et j'avançais entre les arbres, jusqu'à en être tout enveloppé, douillettement protégé. Les étoiles qui faisaient des moulinets au-dessus de ma tête accomplissaient leur rotation à un millier d'années-lumière de là. Le temps, le mystère, le départ et l'union étaient tous là ensemble. Je me demandais si c'était ça être Indien, Ojibwé. Un rituel. Une cérémonie, ancestrale, simple et personnelle. Si j'avais pu l'emporter avec moi dans la vie quotidienne du camp, les choses auraient peut-être été différentes.

Mais ce ne fut pas le cas. Ces hommes étaient des gens du Nord : Finlandais, Suédois, Allemands, Québécois et Russes. C'étaient des bûcherons. Ils étaient tout aussi efficaces avec les gigantesques scies à refendre à deux hommes, les haches, les attelages à chevaux, qu'avec les tronçonneuses et les tracteurs. Ils avaient été plongés dans cette tradition. C'étaient des hommes immenses et musclés qui beuglaient et hurlaient en passant d'une langue à l'autre au cours d'une conversation, si bien que je ne pouvais jamais savoir quelle en était la teneur. Des buveurs. De gros buveurs invétérés. Ils passaient leurs soirées à jaser sous l'effet de l'alcool, tout en fumant et en jouant aux cartes. Les bagarres éclataient subitement et cessaient de la même façon. Ensuite, ils reprenaient leur jeu, leur sang s'échauffait avec la nouvelle donne, leurs poings serrant les cartes comme une gorge.

Ils ne savaient pas quoi penser de moi. Il n'y avait encore jamais eu d'Indien parmi eux. De sorte que je ne participais jamais à leurs occupations du soir. Quand je revenais de la forêt, je me pelotonnais sur mon lit de camp et je lisais. Quand ils se mirent à m'appeler « Chef », « Tonto » et « Geronimo » ou à me traiter de « brûleur de chariots », j'avais déjà tellement entendu cela que je n'eus aucune réaction. Cela les perturba. J'imagine qu'ils prirent mon silence pour de la hauteur d'esprit et les livres que j'avais en main comme une rebuffade. Ils entreprirent de me mettre à l'épreuve de la seule façon qu'ils connaissaient.

Dans les bois, ils me poussaient au maximum et attendaient de voir si je tenais le coup. Je tenais toujours le coup. Quand ils y allaient à fond avec leurs scies et leurs haches pour couper les troncs des grands arbres, je faisais de même et je transportais à travers la forêt de lourds tronçons de bois scié sans me plaindre. Ils tentèrent de trouver en moi une faiblesse, mais j'étais résolu à ne pas les laisser y parvenir. Alors ils en firent une question personnelle. Ils veillèrent à ce que ce soit sur moi que tombe la corvée de nettoyage des toilettes. Je déversais de la chaux, balayais et me battais contre des invasions de nuées de mouches. Je faisais la vaisselle. Je lavais le sol de la cuisine à grande eau, je charriais les ordures et je ramassais à la pelle les saletés que les ours et les ratons laveurs éparpillaient autour de la petite gravière qui servait de décharge au camp. C'est moi qui lubrifiais et graissais les tracteurs, qui arrosais les camions et les débusqueuses, et qui nettoyais à fond le dortoir tous les jours avant que mon équipe ne commence. Plus ils cherchaient à m'épuiser, plus je travaillais dur. Je faisais tout sans broncher. Ensuite, je m'allongeais sur mon lit de camp et je lisais à la lumière d'une torche une fois qu'ils s'étaient écroulés sur le leur, et j'étais éveillé et actif au moment où ils se levaient.

Ils se mirent à me lancer de nouvelles insultes et grossièretés. Même quand ils se mirent à me bousculer, me faire des croche-pieds et à m'envoyer des coups, je me contentais de regarder l'agresseur d'un air absent et de poursuivre mon activité.

Ce n'est que dans la nature que je trouvais le vrai calme. Là, je pouvais me détendre. Je pouvais me reposer. Je pouvais m'asseoir pour observer à l'infini l'immense étendue du lac. Mais venait toujours le temps de retourner au dortoir. Et en plissant fort les yeux face aux fenêtres éclairées du camp, je me réfugiais en moi-même. J'inspirais à pleins poumons, retenais mon souffle, compactais toute ma sombre énergie jusqu'à ce qu'elle s'installe au fond de mon ventre comme une bille noire, froide, lisse et dure. Puis je retournais parmi eux et ils arrêtaient leur partie pour me provoquer. J'allais jusqu'à mon lit, m'allongeais et lisais tard dans la nuit.

Puis un soir, un grand Suédois du nom de Jorgenson s'adressa à moi en me faisant des gestes grossiers. Je gardai les yeux posés sur le plafond pendant un moment, puis je me laissai glisser du lit pour avancer lentement vers la table où il était assis en train de jouer aux cartes. Tandis qu'ils riaient, je me plantai face à lui, pieds écartés. Jorgenson se leva et m'envoya un poing charnu en plein visage. Je bloquai son coup avec un avant-bras et étendis l'autre bras pour le saisir à la gorge. Je serrai. Fort. J'avançais lentement, la gorge de cet homme dans ma main, sans dire un mot, soulevant et poussant et serrant à la fois. Le robuste Suédois essayait de s'accrocher, de s'agripper à moi, de me frapper, mais la pression de ma prise était si forte qu'il faiblit et s'écroula à genoux, rubicond, souffle coupé, yeux exorbités. Au moment où je le laissai tomber à terre, je le frappai à la tête en rassemblant toutes les forces que j'avais en moi, et il s'affaissa sur le plancher. Je me retournai vers les autres. Je n'étais que noirceur glaciale au fond de moi, comme l'eau sous un iceberg. Je voulais qu'un autre se lève, je voulais qu'un autre me balance un coup, m'invite à me déchaîner. Mais ils restèrent assis et personne ne parla tandis que je marchais lentement vers la table pour prendre les cartes que Jorgenson avait abandonnées. Je les étudiai, puis je fis un petit sourire en coin avant de les reposer sur la table.

« La partie est terminée », dis-je. Plus jamais ils ne m'importunèrent.

42

Lorsque je quittai le camp de bûcherons dans la forêt, j'en emportai l'intensité avec moi. J'avais dix-sept ans. J'étais encore tout jeune. Mais ces mauvais traitements m'avaient endurci. Quand je montais sur la glace avec les Moose, la colère s'évacuait et mon jeu se transformait en attaque impétueuse, cinglante. Peu importait qui étaient les adversaires. Je jouais avec la même dureté contre les équipes blanches des villes que contre les équipes des réserves. Il n'y avait plus d'échanges animés sur le banc. Au lieu de cela, je fixais la glace d'un œil dur jusqu'à ce qu'ils ouvrent la porte pour me laisser sortir. J'avais encore la grâce, la fluidité dans la vitesse, mais mes yeux étaient sauvages sous mon casque. Je fonçais sur la glace à toute vapeur et, quand quelqu'un me frappait, je frappais en retour. Quand ils me cinglaient, je les cinglais encore plus fort, brisant ma crosse sur des jambières et des épaulières. Quand ils laissaient tomber leurs gants devant moi je donnais des coups de poing et je martelais jusqu'à ce que mes coéquipiers me dégagent. Il n'y avait plus de joie dans ce sport, plus de vision. Il n'y avait que moi à la poursuite effrénée de la tape, du coup, du choc suivant. Je déversais une noirceur qui s'autoalimentait constamment. Ce sport n'était plus que moi seul, mû par un grondement dans les tripes et les oreilles. Je n'entendais rien d'autre. Quand les autres membres des Moose cessèrent de me parler, je savais que je n'étais plus avec eux, ni avec les équipes du tournoi, ni avec le sport, pour toujours.

43

Je quittai Manitouwadge l'année de mes dix-huit ans. J'avais assez d'économies pour m'acheter une vieille camionnette à plateau, équipée d'un coffre en acier pour transporter les outils que j'avais rassemblés. Il n'y avait pas de plan. Je partais, c'était tout. J'étais un travailleur. Du travail, il y en avait partout. La route allait vers l'ouest, vers les prairies, les montagnes et la côte Ouest, et je n'avais jamais rien vu de tout cela. Je n'étais pas mû par un désir de découvrir une nouvelle géographie, mais par une lassitude de l'ancienne. La forêt avait cessé d'être un refuge. Un sentiment de vide occupait le lieu où avait autrefois débuté mon histoire personnelle. Cette part de moi-même était une histoire morte depuis longtemps, qui ne contenait plus rien pour moi. C'est pour cela que je prenais le large : pour créer l'histoire que je pourrais construire à l'aide de mes muscles, de ma volonté, et sans contraintes. Je laissais la forêt et le Nord derrière moi. Je pensais ne plus avoir besoin d'eux. Les échos de ceux avec qui j'avais voyagé se glissaient entre les arbres.

Les Kelly s'inquiétèrent de mon départ, même s'ils ne tentèrent pas de l'empêcher.

« Ça va être dur, Saul, dit Fred Kelly. Une vie de travail est plus facile auprès d'un foyer. Le monde. Le bruit. Les distractions. Tout cela t'occupe quand tu es fatigué et vidé.

— Je crois que j'ai eu mon content de bruit et de monde pour un bout de temps, répondis-je.

— Ces histoires à Toronto ont été dures », commenta-t-il.

Je n'avais jamais parlé à personne de l'épreuve du camp forestier.

« Ouais.

— Mais tu peux mettre tout ça derrière toi. Tu peux rester ici, travailler, bien te poser dans une nouvelle vie.

— Une vie, j'en ai eu une. »

C'était sorti d'un ton sec et brusque et je vis qu'il en était blessé.

« Je sais », murmura-t-il.

Virgil avait l'habitude de parler sans détours.

« Bon sang, tu me donnes l'impression de t'enfuir.

— Ce n'est pas le cas.

— Tu appellerais ça comment ?

— Je poursuis ma route. Il est temps de changer. »

Il m'adressa un regard appuyé.

« On est censés être coéquipiers. Ailiers. Toi. Moi. Personne ne gagne seul, Saul.

— J'ai l'habitude d'être seul.

— Tu as l'habitude de croire que tu es seul. Sérieuse différence.

— Je ne disparais pas », répliquai-je.

Il secoua la tête d'un air triste.

« Pour moi, c'est comme si tu l'avais déjà fait. »

44

J'étais debout dans la cuisine et je regardais, sous le pâle soleil de printemps, l'endroit où se situait la bande de la patinoire dans la cour. Je ne pus imaginer aucune façon de leur dire combien la rage m'oppressait, combien j'en sentais le goût au fond de ma gorge. Il fallait que je parte avant de m'effondrer sous son poids.

Je fis un dernier tour de la maison, en tentant de mémoriser les nuances de lumière de chaque pièce, le bruit de mes pas sur le plancher, la sensation du chambranle de la porte d'entrée sous mes paumes. Puis je sortis pour aller jusqu'à ma camionnette et avant même que le moteur ait démarré, j'étais parti.

Medicine Hat. Fort Chipewyan. Wabasca. Skookumchuck. Lac Tagish. Je travaillai dans tous ces endroits et d'autres encore. À l'écho de ces noms, les souvenirs me hantaient. Je suivais les rumeurs de travail qui s'échappaient des lèvres des hommes que je croisais et je devins un migrant, un nomade itinérant, le regard porté sur des collines lointaines. Je couvrais de longues distances d'une route couleur anthracite, les ondulations de la ligne jaune me portant comme une rivière en un lieu vide de tout souvenir.

Ou bien était-ce ce que je souhaitais ? Je conduisais sans réfléchir. La musique était ma constante compagne. Je l'appréciais pour cette faculté qu'elle avait de remplir l'espace, d'occuper le siège passager vide de la cabine de cette camionnette et les chambres bon marché que je louais dans les motels minables des villes industrielles, des villes minières et des camps de chantiers où j'atterrissais. Je fis mon éducation musicale à l'aide de livres et après avoir découvert le concerto pour violoncelle de Dvořák, je me le repassais en boucle au long de mes voyages afin de soulager le désespoir qui me serrait les tripes. Le travail et la musique me soutinrent pendant longtemps. Je pouvais m'y noyer et refaire surface à ma guise. Je préférais être seul qu'en compagnie de curieux. Je devins charpentier, couvreur, mineur, bûcheron, paveur de route, employé des chemins de fer, plongeur dans des restaurants, ébourreur de peaux, garçon de ferme, planteur d'arbres, démolisseur, ouvrier dans une aciérie et docker. Je ne cherchais pas à devenir copain avec les gens qui travaillaient avec moi. Je ne devins pas bavard. Je ne franchissais pas le mur de sécurité que m'offrait le silence et que j'avais érigé entre les autres et moi. La rage était encore là. Elle était postée en pleine poitrine chaque fois que j'entendais « Chef », « Tonto », « Geronimo », « abruti d'Injun » ou la centaine d'autres étiquettes qu'on m'accrochait. Mais je ne réagissais jamais. Je ne voulais pas courir le risque de l'explosion qui s'ensuivrait. La sensation de la gorge de Jorgenson entre mes mains. La noirceur en moi. Au lieu de cela, je me livrais tout entier au joug de la discipline du travail, me perdant dans les fastidieuses tâches manuelles, celles que je préférais.

Toutefois, les plaisanteries du banc et du vestiaire manquaient à une part de moi-même : les paroles grossières et bravaches, tout comme les taquineries. Alors je commençai à prendre mes repas dans des bars et des tavernes où des ouvriers lançaient des railleries à la ronde, s'engageaient dans des joutes verbales pleines d'énergie. Je restais assis à regarder. M'imbibant de tout cela et souriant des mots d'esprit, des répliques laconiques, du verbiage des voix enivrées qui ergotaient sur tout et n'importe quoi. Je ne sais plus très bien quand je me mis à boire. La seule chose que je sais, c'est qu'alors le grondement au fond de mon ventre s'apaisa. Dans l'alcool, je découvris un antidote à l'exil. Je quittai l'arrière-plan pour devenir un blagueur, un clown, un conteur qui relatait des histoires de voyages et d'événements insensés. En fait, je n'en avais jamais vécu aucune, mais j'avais suffisamment lu pour rendre ces récits vivants, crédibles et captivants. Au milieu des grandes claques, des coups de poing et des gros éclats de rire qui les accueillaient, je découvris qu'être quelqu'un que l'on n'est pas est souvent plus facile que de vivre sa propre vie. Je m'enivrai de cela. J'en devins accro. Cette nouvelle forme d'évasion me soutint pendant un temps. Quand les récits et les histoires inventés commençaient à se détricoter, je m'en allais vers un nouvel auditoire dans une nouvelle taverne, un nouvel endroit où l'Indien en moi était oublié face aux hilarantes fictions paillardes que je racontais. La boisson finit tout de même par me prendre au piège. Je parlai moins, bus davantage et redevins l'Indien : soûl, titubant, au discours filandreux, une caricature que tout le monde cherchait à éviter.

Dorénavant, j'avais une raison différente d'avoir besoin de partir. Donc, je me laissai emporter à la dérive. Lorsque je parvenais à trouver du travail, j'étais, pour l'essentiel, un poivrot très efficace, qui ne gardait à portée de main que ce qui lui permettait de tenir jusqu'au soir, puis qui sombrait seul dans la boisson une fois la journée terminée. Je tombais ivre mort en écoutant de la musique ou avec un livre sur les genoux. Je me réveillais au petit matin, éteignais la lumière, avalais encore quelques gorgées et me rendormais. On peut vivre des années ainsi. On arrive à savoir combien il faut ingurgiter pour tenir un certain nombre d'heures, combien il faut pour marcher sans tituber, sans que les mains tremblent. J'étais un alchimiste, préparant des mixtures que je fourrais dans ma boîte à lunch pour apaiser cette sensation empoisonnée qui me gangrenait les tripes. C'était un monde ténébreux. Les choses jetaient de faibles lueurs, jamais elles ne brillaient.

45

Je ne sais pas ce qui me fit revenir dans le nord de l'Ontario en 1978. Je ne me souviens pas d'avoir décidé de prendre cette direction. Je ne me rappelle pas y avoir pensé. Je me retrouvai tout simplement près de Redditt, là où mon frère avait rejoint ma famille avant que nous nous mettions en route pour le lac Gods.

J'arrivai un jour de pluie sans trop d'argent en poche. Après m'être installé dans un petit motel, je me rendis aux moulins à scie, aux parcs à bois débité, à la compagnie des chemins de fer et dans quelques entreprises de construction. Je parvins à intégrer une équipe de casseurs de pierres dans une carrière et j'y passai une bonne quinzaine de jours. Mais ensuite, impossible de trouver du travail. J'étais fatigué de ma vie, vraiment fatigué, et je perdis toute capacité à fonctionner normalement. Très vite, je fus trop fauché pour sortir de la ville et trop bourré pour m'en soucier. Je traînais dans les bars à bière en me faisant payer des coups et en espérant trouver une opportunité. J'étais à une table, dans un coin d'un bar ouvrier, presque ivre mort, quand quelqu'un me secoua l'épaule.

« Il faut te réveiller, là, mon gars. »

Je levai les yeux, m'attendant à voir le serveur ou un flic, mais l'homme était vieux, blanc, vêtu d'une salopette, portant une casquette John Deere et des bottes de travail.

« Pourquoi ? bafouillai-je en guise de réponse.

— Je ne bois pas avec les gars qui dorment.

— Pourquoi diable voudrais-tu boire avec moi ?

— Les Ojibwés sont les meilleurs conteurs que je connaisse. T'as bien une ou deux histoires en réserve, je présume. Hein ?

— Peut-être bien. Si tu payes.

— Je vais payer. T'as juste à te redresser et à prendre l'air fier.

— Me redresser, je peux y arriver.

— On a tous notre fierté. Il faut juste que tu te souviennes que tu en as une. Ton peuple ? Un authentique peuple fier. Je suis content d'avoir connu un bon nombre de ses représentants.

— C'est pour ça que tu t'es assis ici ? Parce que t'es fier de qui je suis ?

— Fier de ton peuple. En tout cas, il me semble que ça suffit et qu'on peut démarrer une conversation. Je m'appelle Sift. Ervin Sift », dit-il en me tendant la main.

Je lui offris une poignée de main molle, ce qui ne m'empêcha pas d'attraper les bières pression que le serveur posait avec énergie. Sift me laissa tranquille et je lui étais reconnaissant qu'on ne parle pas.

« Tu veux manger ? demanda-t-il après une autre tournée.

— Ouais, pourquoi, pas ? »

Il nous commanda des steaks accompagnés de purée et de haricots. Quand les assiettes arrivèrent, il croisa les mains, comme ça, dans le bar, et dit une prière. Gêné, je jetai un regard alentour pour voir si quelqu'un regardait.

Il releva la tête, plia sa serviette sur ses genoux.

« Aussitôt qu'on aura fini ça, on ira à la maison. »

Je ne pus rien faire d'autre que le dévisager.

Pendant les trois jours suivants, il me soigna pour me faire passer une gueule de bois d'enfer. Quand je revenais à moi, il était à mon chevet avec un linge humide pour m'essuyer le front ou avec une tasse de soupe qu'il tenait pendant que je la sirotais. Il me parlait quand j'avais des frayeurs et m'apaisait. Lorsque le pire fut passé, il m'aida à marcher jusque sur la galerie pour prendre l'air. Pas une seule fois il ne me posa la moindre question.

Erv Sift était un fermier qui avait une bonne superficie sur laquelle il élevait une dizaine de bovins, quelques moutons, des poulets et un vieil âne qui lui restait du temps où il avait eu des chevaux. Il dirigeait une exploitation de bûcheronnage pour augmenter son revenu. Son dernier bûcheron était parti sans crier gare et il avait besoin de quelqu'un pour le remplacer. Je me déplaçais avec sa camionnette à plateau et je coupais les arbres morts pour en faire du bois de chauffage, dans les tas de résidus de coupes que les forestiers avaient laissés ou sur des arbres que d'autres propriétaires avaient dû abattre pour éclaircir leur terre. Parfois, je treuillais des arbres morts depuis la forêt. Je transportais tout jusqu'aux terres à bois d'Erv, m'assurais que les piles étaient rangées par essence d'arbre et selon qu'ils étaient plus ou moins secs. C'était un travail facile. Je m'y connaissais en bois et ça me donnait l'occasion de travailler seul. Je livrais le bois de chauffage à domicile dans toute la région. Ça ne payait pas des fortunes, mais c'était un bon travail honnête et j'avais le sentiment de lui devoir ça. Il me donna une chambre à la ferme. Il était veuf. Sa femme était morte dix ans auparavant et il vivait seul. Ils n'avaient pas eu d'enfants.

Erv ne buvait pas beaucoup et il se débrouillait bien aux fourneaux. Jamais il ne me fit payer un repas. Il n'y avait nulle part où dépenser de l'argent, j'eus donc bientôt un compte en banque, pour la première fois depuis bien longtemps. J'adoptai la routine que nous avions établie et elle offrait un certain confort. Mais au fond de moi, il y avait une tension, quelque chose qui refusait de se contenir.

46

Nous jouions aux cartes tard le soir en écoutant la radio et si je n'étais pas d'humeur à parler, il ne m'obligeait jamais. Par contre, j'eus toujours l'impression qu'il pouvait voir en moi et comprenait qu'il s'y trouvait des territoires que je n'explorais jamais. Il était satisfait de voir que je récupérais et que je me remettais sur pied.

« Saul, dit-il, tu n'aspires jamais à autre chose que ceci ? As-tu déjà rêvé d'avoir une famille, ta propre maison, des choses comme ça ?

— Pas le temps d'avoir des rêves, répondis-je. Une fois, j'en ai eu. Ça n'a pas marché. Je n'en ai plus. »

Il me regarda droit dans les yeux et je soutins son regard. Puis il hocha la tête et n'insista pas. Ce fut la première vraie conversation que nous ayons jamais eue. Pour l'essentiel, il me laissait travailler tranquille. Nous étions amis. Il y avait entre nous toujours plus de silences que de mots, mais nous comprenions le besoin d'intimité de chacun. Je savais que sa femme lui manquait. Il le portait sur lui comme un vêtement. Il m'en parla un peu. Comment ils avaient vécu ensemble près de trente ans. Comment il parcourait vingt miles avec le tracteur de son père rien que pour aller se garer sur la colline qui surplombait la maison où elle habitait, dans l'espoir de l'apercevoir. Comment, lors d'un bal de campagne, il l'avait rencontrée et comment elle savait qui il était : elle l'avait vu sur la colline. Il prenait alors un regard lointain, allumait sa pipe, se calait dans son fauteuil pour fumer ; je savais qu'il ne fallait plus intervenir.

Erv Sift était un ange. Je n'en ai aucun doute. Il comprenait que je portais de vieilles blessures et ne me poussait pas à les mettre au jour. Il se contentait de me proposer la sécurité, l'amitié et mon premier foyer depuis bien longtemps. Mais il y avait des moments où je me levais soudain, saisi du besoin de marcher, d'être loin. Ça montait en moi comme un nuage. Il ne disait rien, moi non plus. Je marchais alors au-delà des limites de ses champs et j'entrais dans la forêt. La plupart du temps, il me suffisait d'aller au hasard. Parfois, je trouvais un arbre ou un rocher, je m'asseyais là, j'observais la nature et je laissais le silence entrer en moi. Pendant un moment, l'effet de la nature suffisait à me faire sentir bien dans ma peau. Mais il y avait toujours des choses qui se baladaient en moi, auxquelles je ne parvenais jamais à m'accrocher assez longtemps pour les comprendre ni pour apprendre à vivre avec. C'était comme ce changement dans l'air qui intervient avant une tempête. On sent l'énergie monter, mais rien ne peut l'arrêter. C'est ce qu'il m'arrivait.

Quand venaient de tels moments, je ne pouvais pas parler. Il n'y avait pas de langage pour l'exprimer. Je suppose que quand on ne comprend pas soi-même quelque chose, il est impossible de le faire partager à quelqu'un, même si l'on a envie de le faire. Je n'en avais pas envie. Le cafard et moi étions alors de vieux compagnons, et la seule chose que je savais faire pour y échapper, c'était boire.

D'abord, ce furent quelques gorgées furtives pendant que je travaillais. Ensuite, ce furent de plus longues périodes où je partais me promener seul dans la nature, pour revenir une fois que je savais Erv endormi. Puis ce furent une ou deux gorgées le matin. Et pour finir, tout s'écroula.

J'étais assis sur le hayon de la camionnette, entouré des scies et des haches. Je m'étais arrêté pour m'acheter un cruchon en ville avant d'aller là où je sciais de beaux résidus de coupes de sapins. Le soleil brillait. La journée était resplendissante. Mais à l'intérieur, je me sentais mort. Il n'y avait à cela aucune raison. Tout roulait et tout laissait penser que je pouvais rester chez Erv aussi longtemps que je le souhaitais. Le travail était bien. J'avais de l'argent. J'avais un ami. Au fond, c'est ce qui bousilla tout. Tandis que j'étais assis en train de boire, je pensai à tout ce que je devais en fait à Erv, combien je lui devais la vérité sur moi, où j'avais été, ce que j'avais fait et tout le tremblement. Il y avait une part de moi qui voulait sincèrement le faire. Il y avait une part de moi qui voulait désespérément combler ce vide que je ressentais entre les gens et moi. Mais il y avait une plus grande part que je n'arrivais jamais à comprendre. C'était cette part en moi qui recherchait la séparation. C'était la part en moi où bouillonnait à petit feu une rage dont je ne m'étais jamais débarrassé, et une part de moi qui savait que si jamais le couvercle sautait, alors je serais seul pour de bon. Définitivement. Pour toujours. C'était cette part qui l'emportait toujours.

Alors je bus. Je finis ce cruchon, je jetai en vrac outils et matériel dans la boîte, et je retournai chez

Erv. Il n'était pas chez lui. Il était en train de négocier quelques têtes de bétail avec un autre fermier à trente miles d'ici. Je rangeai les outils. Puis j'entrai dans la maison et rassemblai mes affaires. J'étais debout dans le vide d'une autre cuisine dans une autre maison dans une autre vie qui n'avait d'autre intention que m'offrir un refuge. Je ne pouvais pas l'accepter. Je ne pouvais pas courir le risque que quelqu'un me connaisse, parce que je ne pouvais pas courir le risque de me connaître moi-même. Cela, je le compris alors, aussi parfaitement que jamais je ne compris autre chose. Je ne savais pas pourquoi il en était ainsi pour moi. Je savais seulement que c'était comme ça. Je savais seulement que je m'enfuirais et que je continuerais toujours à m'enfuir parce qu'à ce moment-là j'avais appris qu'il était bien plus facile de partir si on n'était jamais arrivé pour de bon. Donc, je descendis la seule bouteille de vin qu'Erv avait sous l'évier de la cuisine et quand je me mis à sérieusement planer, je lui griffonnai un mot pour lui dire où il pourrait récupérer la camionnette, et je pris le volant. Une fois de plus. Une heure plus tard, j'étais dans un bus Greyhound à destination de Winnipeg, une autre bouteille dans le manteau et le goût d'un autre rêve disparu dans la gorge.

47

C'est drôle comme les serveurs vous invitent toujours à finir votre verre. Quand on est paumé comme je l'étais, on boit toujours pour oublier. Pour oublier les choses banales et admises comme un foyer, un boulot, une famille, des voisins. On boit pour oublier les pensées, l'émotion. L'espoir. On boit pour oublier parce que après toutes les routes qu'on a prises, c'est la seule direction qu'on connaisse par cœur. On boit pour oublier afin de ne plus entendre les voix, ne plus voir les visages, ne plus toucher les choses, ne plus sentir. On boit pour oublier afin d'effacer ce lieu que seuls les poivrots de la pire espèce connaissent ; ce monde au fond du puits où l'on se réfugie dans le noir, hanté à jamais par la conscience de la lumière. Je fus au fond de ce puits pendant un long moment. Revenir à la lumière du jour faisait un mal de chien.

La première chose à comprendre, c'est que ce dont on a besoin pour survivre vous détruit. C'est la partie la plus dure. On se sent soulagé après quelques bonnes grosses gorgées. Tout devient supportable. On en arrive à se convaincre que les choses vont finir par s'arranger, même si on sait au fond de ses tripes qu'il y a peu de chances que ce soit le cas. Alors, on avoue et on essaie d'arrêter. Des salauds aussi entêtés que je l'étais devenu finissent par croire qu'on en sait assez sur le sevrage pour pouvoir s'en sortir tout seuls. On réduit sa consommation. On mesure. On prévoit les verres qu'on descend. Ça ne marche jamais. On est tout simplement toujours aussi bourré qu'on l'a toujours été, parce que la seule façon de s'arrêter pour de bon, c'est de s'arrêter. C'est ainsi que je finis par me retrouver à l'hôpital. Foudroyé par une attaque, je m'effondrai sur un trottoir de Winnipeg. Il fallut m'attacher parce que les terreurs dues au manque étaient absolument terribles. Je voyais des choses que je ne peux même pas commencer à décrire, j'en étais réduit à un jacassement incohérent et je me débattais dans tous les sens. Au bout de cinq jours d'un solide traitement médicamenteux, je me calmai. Je réussis à garder ma première nourriture solide au bout de sept jours. Je m'assis dans le lit au bout de huit.

Les travailleurs sociaux me parlèrent du Centre New Dawn. Ils disaient que c'était le meilleur endroit pour aider les Autochtones. Il était situé au cœur d'une centaine d'arpents au nord de la ville et c'était un lieu calme et reposant. Je commençai par résister. Mais les médecins me dirent que mon corps était dans un état déplorable et que me remettre à boire comme avant risquait de me tuer, et pour quelque incroyable raison, j'écoutai. Je ne me rappelle pas avoir voulu écouter. Je le fis, c'est tout. Néanmoins, en arrivant ici, je n'avais qu'une idée en tête, retrouver assez de forces pour partir. J'étais tout aussi obsédé par l'idée de partir que par la boisson. Mais ce qui est bizarre, c'est que mes idées devinrent plus claires, tout comme mes souvenirs, et tout se dévidait pratiquement tout seul. Arriver à cette longue et sombre descente en spirale me fit remonter en surface et retrouver la lumière pour la première fois depuis très longtemps. Je ne sais pas si j'en fus heureux. Pas tout de suite. J'eus l'impression d'être là à cligner des yeux avant de pouvoir bouger.

48

Toutefois, il n'y avait pas grand-chose à écrire après cela. J'avais beau essayer, je n'arrivais pas à faire sortir quoi que ce soit d'autre. Je me sentais insatisfait. J'espérais trouver quelque chose de nouveau, quelque chose de puissant qui me guérirait. C'était ce à quoi tout cela était censé m'amener, m'avait dit Moses. Quand ce ne fut pas le cas, je me mis à marcher de nouveau seul dans les bois. J'avais l'impression que rien n'avait changé. J'avais l'impression que l'unique chose que j'avais faite, c'était cesser de boire. Seule la nature m'offrait un peu de réconfort. Donc, je marchais chaque jour pendant un moment et j'explorais le territoire derrière le Centre New Dawn.

Une famille de castors avait sa hutte au milieu d'une petite mare à quelques miles dans les bois. Je m'asseyais parmi les cèdres pour les observer. Ils étaient adorables. Ce jour-là, ils restèrent actifs tout l'après-midi et quand ils finirent par disparaître dans leur hutte, c'était le début de la soirée et j'avais peu de chances de réussir à rentrer au Centre. Je marchai jusqu'à un petit plateau rocheux que je connaissais. Il s'y trouvait une grande quantité de bois mort et j'en ramassai suffisamment pour faire un bon feu. Si quiconque venait à ma recherche, il le verrait.

La nuit était animée d'étoiles. J'étais allongé sur le dos dans la mousse et je les regardais. Plus je les regardais, plus j'éprouvais la sensation que la terre tournait dans les cieux. Il était tard quand je m'endormis.

Je ne sais pas si j'étais éveillé ou si je rêvais quand j'entendis un bruit dans les arbres. Il y avait un filet de lune dans le ciel et une nappe de brouillard juste au-dessus du sol. L'air était calme. Le brouillard amplifiait le moindre frémissement dans les arbres, et au loin, j'entendis les pas prudents d'un chevreuil. Mais le bruit qui me réveilla n'était pas celui d'un animal. C'était comme une plainte, un murmure sourd. Il cessa, puis reprit un instant plus tard. Cette fois-ci, je scrutai la rangée d'arbres, mais il n'y avait rien. Que le brouillard. Puis une silhouette commença à se dessiner. Ce ne fut d'abord qu'une image floue, mais tandis que j'observais, cette forme imprécise avança. Elle ne marchait pas. Elle flottait. Mes tripes étaient nouées par la peur. Mais je ne pouvais en détacher mes yeux. La plainte reprit. Elle semblait désespérée. Humaine.

Je commençai à discerner la silhouette d'une personne et, derrière elle, quelque chose d'énorme, au pas lourd. Je m'apprêtais à décamper, mais la voix, se transformant alors lentement en chant ojibwé, me cloua sur place. Pendant que cet étrange duo s'approchait, la forme humaine bougea un bras et je vis que la grosse masse derrière elle était un cheval.

Les bancs de brouillard s'ouvrirent et je me retrouvai face à un homme que je savais être mon arrière-grand-père. Il était vêtu de la tunique et du pantalon traditionnels et portait une coiffe faite de piquants de porc-épic. Il tenait dans une main un éventail fait d'une aile d'aigle, et avec l'autre, il menait un cheval à l'aide d'une longe de racines de cèdre tressées. Son chant était presque inaudible et son pas en suivait la mesure, il s'approcha pour s'arrêter à quelques verges de moi. Shabogeesick était vieux. Horriblement vieux et maigre. Je voyais ses os faire saillie sous sa tunique et le faisceau de ses rides courir sur son visage. Mais son regard était vif et soutenu, il me fixait bizarrement. L'homme leva l'éventail fait d'une aile d'aigle et l'agita devant moi. Tandis qu'il le passait sur son corps, apparurent mon père, ma mère. Mon frère. Mon oncle. Ma tante. Ma grand-mère. Je pleurai en les voyant. Ma grand-mère tenait un doigt devant ses lèvres et plissait les coins de ses yeux dans ma direction. Puis ils firent tous demi-tour et le vieil homme souleva ma grand-mère pour l'installer sur le cheval. Ma famille s'éloigna lentement dans les profondeurs du brouillard et je les entendis chanter pendant qu'ils se retiraient. Je fermai les yeux, ressentant l'incroyable poids du chagrin et de la nostalgie, et quand je les rouvris, l'étroit arc d'argent de la lune était haut au-dessus de moi. Le feu s'était éteint. J'y jetai un autre morceau de bois et je m'assis, mes bras enlaçant mes genoux. Je pleurai à nouveau, en plongeant mon regard dans ces flammes orange. Je restai assis ainsi toute la nuit, et quand émergèrent les premières lueurs grises du matin, je jetai de la terre à coups de pied sur le feu pour l'éteindre. Je partais une nouvelle fois. Seulement cette fois-ci, je savais exactement où j'allais.

49

« Je ne sais pas pourquoi je dois partir. Je sais seulement que je dois le faire. » C'est ce que je dis à Moses.

Il m'observa quelque peu, puis hocha la tête. Ça faisait un bout de temps qu'il travaillait ici et il savait ce qu'était un ivrogne.

« Si tu as besoin de nous, on est là. Ne l'oublie pas, dit-il.

— Je ne l'oublierai pas. »

Dehors, je pris un bus en direction de l'est et je m'endormis avant même que nous ayons atteint l'autoroute, une fois sortis de la ville. Ce fut un sommeil sans rêves. Je m'éveillai par un morne matin dans le brouillard du nord de l'Ontario et, pendant que le bus faisait le plein, je m'assis dans un petit restaurant pour boire du café, prendre un petit déjeuner léger : fruits et pain grillé nature. Tout le monde avait l'air aussi vaseux que moi. Les gens s'installaient seuls à des tables ou erraient dans le parking en sirotant du café ou en fumant pour tuer le temps. Après être remontés et repartis, je regardai le paysage défiler. Je me revoyais, enfant, l'observer depuis l'arrière de la berline où j'étais avec Lonnie Rabbit et cette fille dont je n'ai jamais su le nom.

White River n'avait pas tant changé que ça. Elle avait toujours cette allure de bourgade de moulin à scie du Nord. Maintenant, il y avait de nouvelles chaînes de magasins et la rue principale avait été élargie. L'ancien stade de glace avait été remplacé par un plus grand et plus moderne. La route de gravelle, par laquelle on quittait la ville derrière la carrière, était désormais pavée. Mais la vue qu'offrait le paysage était toujours la même. Derrière la carrière, il partait en pente jusqu'aux basses terres – le marais et la rivière où l'on attrapait des meuniers – puis il remontait à travers les profondes forêts. Au moment où le taxi que j'avais pris sortait du dernier virage, je vis l'école.

Je payai le chauffeur et descendis en haut de l'allée. L'ancien panneau pendait tristement à un poteau. Quelqu'un avait tiré au fusil sur la plupart des lettres, si bien que seul le premier *S* de *St. Jerome's* était lisible. Le poteau sur lequel il était accroché était entaillé et criblé de balles. De vieilles bouteilles de vin et des canettes de bière rongées par la rouille jonchaient le fossé. Le sol au pied du poteau était un amoncellement d'excréments humains. Je décrochai la chaîne qui barrait l'entrée et la déposai au sol. Le chauffeur klaxonna en repartant. L'allée était défigurée par les nids-de-poule. Les champs où l'on faisait pousser pommes de terre, choux et navets étaient envahis de mauvaises herbes.

Même l'école se délabrait. Un vide. Toutes les fenêtres avaient été brisées. On avait tiré sur celles des étages supérieurs, les balles avaient laissé un peu partout des trous sur les appuis et les châssis. J'entendais des battements d'ailes d'oiseaux à l'intérieur ainsi que le roucoulement des pigeons sous les avant-toits.

Des graffitis couvraient les murs de sobriquets et de malédictions. Leurs dégoulinures semblables à du sang. Le crissement de mes pas résonnait par les fenêtres béantes. Comme si j'étais suivi par des fantômes.

Les salles de classe avaient occupé le rez-de-chaussée et, sous leurs fenêtres, des gens avaient déposé des fleurs. Elles étaient fanées à présent, dans leurs bouquets emballés de plastique et attachés par une ficelle ou un ruban. Ici et là, je voyais une poupée ou un ours en peluche. Je m'agenouillai pour ramasser un petit camion jaune et je fis tourner ses roues avec mon pouce. À l'intérieur, les bureaux avaient été défoncés et les tableaux noirs arrachés des murs. Il y avait un tas de décombres noirs au centre, là où quelqu'un avait allumé un feu qui n'avait pas pris. L'effet de cette pièce sur mon visage. De la désolation.

Les dépendances étaient en ruine. Je les longeai en direction des granges. Elles aussi avaient été mises à sac et elles sentaient la décomposition. La pourriture du foin et de la paille humides. Quand je fis le tour par l'arrière, je vis que la bande de la patinoire était toujours en place, pour l'essentiel, bien que le grillage, autrefois tendu d'une extrémité à l'autre derrière les filets, soit entièrement détruit par la rouille. Il pendait en boucles semblables à des sangles. Je passai par une brèche et me tins au milieu de la boue et des herbes. Rien que de la terre. C'est tout ce qu'était la patinoire à présent. Je m'agenouillai pour la toucher.

« Vous ne pouvez pas rester là, monsieur. »

Un vieil homme aux jambes arquées avança vers moi sans se presser depuis l'angle de la grange. Il avait un air renfrogné, mais la bonne mine rougeaude de ses joues trahissait l'effort qu'il faisait pour se donner cette contenance.

« J'ai habité ici, dis-je.

— Ça change rien. Il y en a plein qui ont habité ici, et vous pouvez voir combien les visites ont été une expérience réconfortante.

— Je n'ai pas vu l'école depuis les années soixante.

— Ils l'ont fermée en 69. En fait, elle avait failli l'être quelques années plus tôt. La plupart des enfants s'étaient enfuis et personne ne se souciait plus de les récupérer. La ville cherche à vendre le terrain.

— Elle a été sacrément mise à sac.

— Il ne reste rien d'autre que des cochonneries. Il n'empêche qu'il y a encore des gens qui viennent. Certains soirs, je vois leurs feux. En général, j'attends le matin pour les chasser. À cette heure-là, ils ont la gueule de bois ou sont juste épuisés. Parfois ce sont les mêmes. Soir après soir. »

Il tendit une main décharnée et je la serrai.

« Jim Gibney.

— Saul. Indian Horse.

— Bon sang. Ça, c'est une poignée de main, dites donc ! Les Indiens du coin, ce sont surtout des Foxe, des Martin, des Wasacase ou des Waboose. Vous êtes resté combien de temps ici ?

— Je suis parti à treize ans. J'étais arrivé quand j'étais petit. »

Gibney désigna la patinoire d'un large mouvement de bras.

« Vous jouiez quand vous étiez ici ?

— Un peu.

— Bien ? »

La patinoire était plus petite que celles des stades de glace. Je le constatai alors. Ses angles étaient plus aigus et elle était plus courte d'environ quinze pieds. La bande n'était pas aussi haute qu'elle aurait dû l'être et je me souviens que nous cherchions les palets dans la neige à hauteur de cuisse et que nous les relancions par-dessus la bande aux joueurs qui attendaient, impatients, leur souffle prenant l'aspect de nuages de tempête dans l'air vif de l'hiver.

« Ils n'ont pas pu me garder dans l'équipe, dis-je.

— C'est que tout le monde n'est pas Gretsky. Écoutez, Saul, prenez votre temps et quand vous serez prêt à partir, n'oubliez pas de raccrocher la chaîne au bout de l'allée. Elle arrête les vaches, au moins.

— Je le ferai. »

Tandis que Gibney s'éloignait d'un pas nonchalant, j'allai jusqu'à la bande et j'appuyai mes coudes dessus. Le bois branla. On n'entendait que les oiseaux chanter dans les arbres à l'orée du champ. Je fermai les yeux et, dans l'air paisible, j'entendis les cris déchaînés des garçons, le bruit des crosses contre la glace et le caoutchouc dur frapper la bande. Je me remémorai le picotement des cristaux de glace, la sensation d'engourdissement de mes plantes de pieds dans leurs fines bottes de caoutchouc, et la pelle que je tenais à la main pour travailler, émerveillé de voir la glace vierge émerger, chaque laborieuse respiration transformant ce travail d'homme en jeu d'enfant.

Alors je fondis en larmes. J'étais là, en train de regarder ces tristes vestiges d'une patinoire et je pleurais. Et soudain, je me souvins.

Je me souvins que j'étais debout contre la bande en compagnie du Père Leboutilier par une magnifique journée d'hiver. Les nuages que formait mon souffle s'élevaient autour de mon visage et le bruit des garçons en train de patiner était magnifié par l'air calme et froid. Pendant que nous observions le match d'entraînement, il me pointait les choses à l'aide de sa crosse. J'étais très attentif. Il martelait le dessus de la bande d'une main à chaque très beau jeu et je faisais de même. Il se tourna vers moi et sourit. Puis il me caressa la tête avec son gant de hockey.

« Ce sport fait ressortir ce qu'il y a de meilleur en toi, Saul », dit-il.

Je me souvins de nous deux, seuls, dans ses quartiers, en train de regarder un match à la télévision. Quand les Canadiens marquèrent, nous nous réjouîmes. Je sautillai avec une joie enfantine et il applaudit. Puis il se leva et m'attira à lui. Il pressa mon visage dans son corps tandis qu'il se balançait d'avant en arrière sur la pointe des pieds. Je sentais sur l'arrière de ma tête une vaste chaleur émaner de sa main, je respirais l'odeur de son savon, je sentais les griffures du tissu sur ma peau et la boucle de sa ceinture contre mon menton.

« Mon ange », l'entendis-je dire.

Quand il se mit à genoux pour me serrer dans ses bras, je ne ressentis ni honte, ni peur. Je ne ressentis que de l'amour. J'avais tant besoin d'étreintes et de caresses. Tandis qu'il tenait mon visage entre ses mains et qu'il m'embrassait, je fermai les yeux. Je pensai à ma grand-mère. À la chaleur de ses bras qui m'enlaçaient. Ça me manquait tellement.

« Tu es une merveille, Saul. » C'est ce qu'il me disait tout le temps. C'est ce qu'il me murmurait dans la lumière tamisée de ses quartiers, ce qu'il me disait ces soirs où il entrait furtivement dans le dortoir et glissait sa tête sous les couvertures. Les mots qu'il utilisait au fond de la grange quand il baissait mon pantalon. C'était avec ces paroles qu'il commençait à me tripoter, à tressaillir, à m'attirer à lui, à me sucer, et c'étaient toujours les derniers mots qu'il me disait avant de partir, tout en remettant en ordre ses vêtements de prêtre. « Tu es une merveille, Saul. » C'étaient les mots qu'il employait au lieu de parler d'amour et il m'avait donné ce travail de nettoyage de la glace pour acheter mon silence, pour que je garde son secret. Il m'avait dit que je pourrais jouer quand je serais assez grand. Cette idée me plaisait tant que je ne dis rien. L'idée d'être aimé aussi fort me plaisait tant que je faisais ce qu'il me demandait. Quand je me surprenais à apprécier cette chose, je me sentais sale, répugnant, malade. M'entraîner en cachette le matin, ce qui me rapprochait du sport, m'éloignait aussi encore plus de cette horreur. Ce sport me permettait d'éviter de voir la vérité, de devoir lui faire face jour après jour. Plus tard, après mon départ, le sport m'empêcha de me souvenir. Aussi longtemps que je pus m'y réfugier, je pus m'envoler. M'envoler et ne jamais devoir atterrir sur la terre brûlée de mon enfance.

Je sentis la révulsion monter en moi. Ma gorge était desséchée. La rage était une chaleur violente qui naissait à la base de ma colonne vertébrale et traversait mon ventre, alors je martelai de coups de poing cette bande pourrie jusqu'à ce que mes jointures soient à vif, les larmes jaillissant de moi. Je tombai à terre et blottis ma tête dans mes bras. Je m'étais jeté dans ce sport. M'y étais jeté et m'y étais engagé et j'avais fait tout ce qui me permettait d'aboutir à ce refuge. C'est pour cela que je m'étais abandonné au hockey. Pour m'abandonner moi-même. Lorsque le racisme du public et des joueurs me fit changer, je devins furieux parce qu'ils m'enlevaient la seule protection que j'avais. Quand cela se produisit, je savais que ce sport ne pourrait plus m'offrir de protection. La vérité des sévices sexuels et du viol de mon innocence remontait et la colère, la rage et la violence physique me servaient à élever un obstacle qui m'en sépare.

Lorsque je me relevai, le soleil était bas. Une fraîcheur croissante était portée par la brise qui soulevait la poussière à mes pieds. La marche fut longue pour retourner en ville et, de là, je savais où je devais aller.

50

Je dormis dans le bus qui allait vers le nord, à Kenora. Je fis une halte juste assez longue pour manger dans un petit café, puis je hélai un taxi qui passait et il me conduisit jusqu'à Minaki. J'y arrivai en début d'après-midi. La ville avait toujours une gare sous-exploitée et un baraquement pour les ouvriers du chemin de fer. Il y avait partout beaucoup d'Ojibwés et, d'après ce que je voyais, la plupart vivaient dans des trous à rats gouvernementaux, dans un renfoncement derrière le très chic Minaki Lodge, un hôtel qui accueillait les touristes fortunés. Je trouvai un homme ayant un besoin urgent d'argent et qui possédait un bateau et un moteur hors-bord, et je conclus un arrangement pour les louer. Je chargeai le bateau de provisions, de carburant et d'une petite tente. Personne ne posa de questions. Le propriétaire du bateau était satisfait de la liasse de billets que je lui avais donnée et, pendant que je faisais mes courses, je le vis faire la queue pour aller s'acheter à boire. Le soleil commençait juste à s'enfoncer derrière les arbres au moment où je dirigeai le bateau vers l'aval de la rivière, en direction du lac Gods.

La rivière était semblable au souvenir que j'en avais, noire comme du thé, tourbillonnante de secrets.

Le niveau de l'eau était haut et le courant puissant, ce qui donnait des allures de serpent à cette gigantesque créature sinueuse et toute en courbes. La plupart du temps, je laissais tourner le moteur au ralenti et la rivière m'emporter, ne mettant les gaz que par intermittence afin de me maintenir dans les parties les plus profondes et éviter les énormes rochers qui surgissaient de façon imprévisible des bancs de sable invisibles.

La rivière s'élargissait pour tracer des chenaux et ouvrir des percées entre des îlots rocheux répartis ici et là et de plus importantes masses de terre boisée. La lumière faiblissait, conférant au rivage un aspect mystique, et je me rappelais les histoires que ma grand-mère racontait sur ce cours d'eau qui nourrissait les âmes de notre peuple. Le silence était profond. Il n'y avait pas de vent. Je relâchai délicatement l'accélérateur et je maintins une main sur le bras du moteur. J'étais comme une épave flottante, dérivant à la merci du bon vouloir du courant.

Quand je commençai à sentir l'air se rafraîchir, je me dirigeai vers une île assez grande pour y dresser mon campement pour la nuit. Peu de temps après, j'avais une belle flambée. Je m'en rapprochai, me réchauffant pendant que je fixais les flammes. Je me sentais bien au milieu de la nature, mais il y avait une douleur sourde dans mon ventre à présent. L'école avait envahi ma tête et je sentais une plainte naître dans mes entrailles. Quand il m'échappa, ce son ancien m'effraya. Je m'enveloppai dans une couverture, me roulai en boule et fermai fort les yeux.

Tu es libre. C'est ce que m'avait dit le Père Leboutilier la dernière fois que je l'avais vu. Libre d'aller là où ce sport me conduirait. Je frémis de colère à ce souvenir. Je ne fus jamais libre. Il était mon geôlier, le détenteur de mon innocence. Il m'avait utilisé. J'éprouvais de la haine, âcre et chaude. « Tu es une merveille, Saul. » Je répétai ces mots à l'infini, jusqu'à ce que la pression au fond de moi me force à me lever. Je donnai des coups de pied dans les racines, dans les pierres et dans les bûches qui dépassaient tout en poussant des hurlements, exténué, brutal et meurtri. Quand je ne fus plus capable de crier, je saisis la petite hachette que j'avais achetée et je m'attaquai à une souche. Je la frappai de toutes mes forces, jusqu'à ce que mes bras et mes épaules me brûlent et que je ressente l'impression de m'être vidé par les larmes et la sueur de tous les fluides possibles. J'allai à la rivière en clopinant, y pénétrai jusqu'aux genoux et m'aspergeai d'eau. Je mis mes mains en coupe pour boire. Quand je me fus un peu calmé, je retournai auprès du feu, fourbu. Je m'éveillai à l'aube devant une paresseuse spirale de fumée qui s'élevait du feu en train de mourir, puis le brouillard tomba sur la rivière. Je levai le camp et dirigeai le bateau vers l'aval.

51

Je parvins au lac Gods tôt dans l'après-midi. J'avais encore l'impression que mes boyaux étaient en papier sablé. Le silence était oppressant quand j'atteignis le portage, je sentais la forêt se refermer derrière moi. Les ombres étaient profondes et menaçantes. Quand je mis pied à terre sur la rive ouest du lac et que je le traversai du regard, c'était comme si je n'étais jamais parti.

Je n'avais jamais entièrement suivi le rivage du lac. Mais je le fis ce jour-là et chaque pas qui me rapprochait du vieux campement familial me ramenait un peu plus en arrière. L'angoisse qui étreignait mon ventre disparut. Mes pensées s'éclaircirent. Je marchais dans une sérénité que je n'avais pas souvenir d'avoir connue auparavant. Je tendis les bras pour toucher les larges éventails des fougères, les troncs des arbres, les feuilles, les herbes. Une partie de mon être se remémorait chaque sensation. L'odeur qui flottait dans l'air était riche et terreuse, chargée d'un soupçon de marécage et de tourbière. L'union des choses mortes et des choses vivantes. L'air était plein du chant des oiseaux. Je me frayai un chemin entre les arbres à cinquante verges du pied de la falaise. Tandis que je m'agenouillais sur une pierre de la grève, en levant les yeux vers le haut de la falaise, je vis les nuages suivre son arête supérieure, semblables à des êtres vivants, de chair et de sang. Au bord des larmes, je baissai les paupières et j'entendis mumurer mon nom. J'ouvris les yeux pour découvrir une flottille de canots glissant vers le rivage.

Benjamin. Ma grand-mère, avec mon grand-père Solomon. Ma mère et mon père. Des étrangers que je pris pour d'anciens membres de ma famille. Hâlés par le vent, visages tannés, aux rides et aux marques profondes. Les miens. Il y avait même Shabogeesick en personne, qui pagayait seul dans un canot en écorce de bouleau à l'air ancien et fragile, mais qui filait sur l'eau comme une brindille. Il souleva le plat de sa pagaie en signe de salut, puis il échoua son canot et descendit sur la berge. Il était à un pas de moi, m'examinant attentivement.

« Tu t'es rendu loin, finit-il par dire.

— Oui, répliquai-je.

— Tu fais un bon voyage.

— Que suis-je censé apprendre ici ? »

Il balaya du bras le lac, le rivage et la falaise derrière nous.

« Tu es venu pour apprendre à porter ce lieu en toi. Ce lieu des commencements et des fins. »

Je levai les yeux pour voir un aigle décrire des cercles autour du sommet de la falaise. Shabogeesick plaça une main sur mon épaule et nous nous retrouvâmes aussitôt en haut de la falaise. Il me mit une blague à tabac en cuir dans la main droite et un grand éventail en plumes d'aigle dans la gauche. Shabogeesick m'observait avec bienveillance. Je fermai à nouveau les yeux et quand je les rouvris, il était parti.

Je me tins au bord de la falaise, avec ma blague à tabac et mon éventail en plumes d'aigle, les miens étaient debout autour du feu, au milieu des arbres, et me regardaient. Un chant doux, discret comme une prière, montait depuis les bateaux. Je pris une pincée de tabac dans la blague et je la tendis en direction de l'étoile du berger. Alors, le ciel se teinta de violets, de bleus et d'indigo. Le chant s'éleva encore davantage et les grandes lumières du Nord apparurent pour danser sous l'œil impassible de la lune. Je pleurai, agité de profonds sanglots. Je m'abandonnai aux larmes. Je laissai sortir la moindre parcelle de chagrin et de désespoir, de solitude et de regret. Je pleurai jusqu'à ne plus pouvoir. Puis j'entendis mon nom.

« Saul. »

La lune était suspendue dans le ciel comme la peau d'un tambour. Pendant que je regardais, elle devint la surface luisante d'une patinoire, sur laquelle des enfants indiens chaussés de vieux patins riaient, excités par le jeu, le plus petit d'entre eux filant à toute allure sur ses patins trop grands. J'offris du tabac au lac où tout avait débuté et tout s'était terminé, à la falaise qui avait fait de ce lieu celui des miens et j'offris mes remerciements à voix haute dans une prière ojibwé.

52

Je retournai au Centre New Dawn. Je ne l'avais pas programmé. Je n'avais rien programmé. La seule chose dont j'étais certain, c'est qu'il me fallait revenir sur mes pas, revoir les lieux marquants de ma jeunesse, si je voulais un jour comprendre comment vivre le présent. On peut appeler cela de l'intuition, je suppose. Mais il fallait que je retourne à l'école, tout comme il fallait que je retourne au lac Gods. Donc, je retournai au Centre pour parler. J'y retournai pour apprendre à partager la vérité que j'avais découverte, hermétiquement enfouie au fin fond de moi. J'y retournai parce que je voulais apprendre à vivre avec cette vérité, sans boire. J'y retournai parce que j'avais besoin de prendre un départ solide sur une nouvelle voie et je savais que ce serait difficile. Parfois les fantômes rôdent. Ils traînent dans les coins les plus reculés, et quand vous vous y attendez le moins, ils surgissent, chargés de tout ce qu'ils vous avaient apporté quand ils étaient vivants. Je ne voulais pas être hanté. J'avais vécu ainsi pendant bien trop longtemps déjà. J'y passai donc l'hiver. Je travaillai en étroite collaboration avec Moses et j'appris à soulever le couvercle qui pesait sur ma vie, à explorer ce qui était refoulé. C'était un travail difficile. Bien des fois, j'en fus terrifié, mais j'allai jusqu'au bout, et quand je me sentis fort, confiant, sûr de mes sentiments et de mes nouvelles compétences, je repartis frapper à une porte à laquelle je n'avais pas frappé depuis très très longtemps. C'était juste après le premier dégel.

Quand Fred Kelly ouvrit, son visage se fendit d'un large sourire. Il avait bien vieilli. Il avait les cheveux argentés et avait pris un peu de poids. « Regarde qui est là », dit-il. Il tint la porte ouverte et j'entrai.

La maison n'avait pas changé depuis que je l'avais quittée. En ordre et propre, baignée de la lumière qui se déversait par les fenêtres et chargée de l'odeur du pain. Je me demandais comment les gens pouvaient vivre au milieu de choses stables, bien en place, leur emplacement déterminé par le pouvoir de remémoration dont elles étaient porteuses, par les souvenirs qu'elles renfermaient. C'était ce qui constituait un foyer, pensai-je : les choses que l'on garde, la somme de nous-mêmes. Fred s'excusa et monta à l'étage, je m'installai sur le canapé du séjour. Quand il revint, Martha était avec lui. Ils étaient dans l'embrasure de la porte, enlacés, en train de me regarder sans parler. Je me levai. Aucun de nous ne savait quoi dire.

« Nous devrions nous asseoir », finit par proposer Martha.

Ils s'installèrent dans des fauteuils en face du canapé. Je m'assis tout à fait au bord, les avant-bras sur mes genoux, mains croisées. Je tapais nerveusement de la pointe de mes pieds sur le tapis. Martha me dévisageait, les yeux pleins de larmes, tout en tournant en boule le coin de son tablier dans son poing. Fred tendit le bras et posa une main sur la sienne.

« Je croyais qu'une fois ici, je saurais quoi dire, déclarai-je. En fait, ce n'est pas le cas. »

Fred haussa les épaules.

« Les gens attribuent bien trop d'importance aux mots. Parfois, c'est mieux de rester assis, sans plus. Pour à nouveau s'habituer les uns aux autres, en quelque sorte.

— En vérité, je n'ai jamais attribué assez de poids aux paroles. Mais j'apprends à le faire ces temps-ci. Bien plus qu'autrefois, du moins. J'ai découvert des choses dont je n'avais jamais parlé à personne, déclarai-je.

— À propos de l'école, dit doucement Fred.

— Oui.

— Nous savons, Saul. Nous l'avons toujours su, dit doucement Martha. Rien en particulier. Mais nous aussi nous y avons été.

— Ils nous ont appris à nous cacher de nous-mêmes, dit Fred. Il m'a fallu une éternité pour apprendre à affronter ma propre vérité. Je l'ai fuie pendant des années et des années.

— C'est dur, dis-je.

— Très dur, reprit-il.

— Est-ce que tu… ? » demandai-je, en laissant les mots se perdre dans le vide. Je me tournai vers lui, il avait la tête baissée et serrait ses mains.

Puis, il leva les yeux vers moi, placide, et acquiesça de la tête.

« Oui, répondit-il, de nombreuses fois. »

Je sentis les larmes monter, alors je pinçai les lèvres et je regardai par la fenêtre.

« Ça m'a coûté très cher, dis-je.

— Ça coûte tout, reprit Fred. Ça nous dépouille de toutes les façons possibles. Les plus chanceux se reconstruisent. Ils sont une multitude, ces enfants, à ne jamais avoir eu cette chance.

— J'y suis retourné, ajoutai-je.

— Je le fais encore.

— Même maintenant ?

— Tous les ans. Uniquement pour répandre du tabac sur le sol et essayer de trouver le pardon.

— Et tu l'as trouvé ? »

Il but une gorgée et reposa doucement sa tasse.

« La route est longue, dit-il.

— Je ne sais pas si je pourrais, tu sais. Je ne sais même pas si je le souhaite.

— Ça en fait partie, dit Martha. Il m'a fallu très très longtemps et, même maintenant, je ne suis pas sûre d'y être vraiment parvenue. Disons plutôt que j'ai tout simplement trouvé ma vie ici et que ça cicatrise mes plaies. Le temps. La distance. Ne pas y penser.

— Est-ce qu'ils violaient tout le monde ? » demandai-je.

Il y eut un long silence. Au loin, j'entendais les bruits du moulin à papier et un train. J'attendis, tous deux avaient les yeux rivés au sol.

« Ça n'a pas besoin d'être sexuel, Saul, pour être un viol, dit Martha.

— Quand ils pénètrent ton esprit, c'est également du viol », dit Fred.

J'approuvai de la tête.

« C'est ce que j'ai ressenti. Une intrusion.

— Et maintenant ? demanda Fred.

— Maintenant, je suis tout simplement las de la vie que j'ai menée. Je veux construire quelque chose de nouveau sur l'ancien. Je voulais revenir. Ici, c'est le seul endroit où j'ai senti que quelque chose était possible pour moi. Je ne sais pas ce que je veux faire. Je veux juste réfléchir à ce qui est possible. »

Je me tordais les mains et je les regardais tous les deux. Fred tendit le bras pour prendre la main de Martha. Ils se sourirent.

« Nous espérions qu'un jour tu le ferais, dit-elle. Nous voulions tous partir à ta recherche, mais nous savions que c'était impossible. Nous savions qu'il fallait que ce soit toi qui trouves ta propre voie. La partie la plus dure, c'est que nous savions combien ce cheminement serait difficile, mais nous devions te laisser le faire.

— Ils nous ont vidés de l'intérieur, Saul. Nous n'en sommes pas responsables. Nous ne sommes pas responsables de ce qui nous est arrivé. Aucun de nous, dit Fred. Mais notre guérison, elle, dépend de nous. C'est ce qui m'a sauvé. De savoir que c'était à moi de jouer.

— La partie peut être longue, dis-je.

— Et alors ? Tu as juste à garder ta crosse sur la glace et à bouger les pieds. Le temps fera le reste.

— Ça, je sais faire.

— Je le sais », répondit-il.

53

Virgil était contremaître à la mine. Il était marié et avait trois enfants. Le temps des tournois dans des réserves reculées était bien révolu et, partout dans le Nord, des équipes autochtones faisaient partie des ligues des villes, ainsi que des ligues d'amateurs. Comme de plus en plus de joueurs indiens intégraient la Ligue nationale de hockey, il devint plus facile pour les jeunes autochtones de rejoindre des équipes établies. Les tournois des réserves avaient évolué pour être remplacés par d'importants tournois annuels qui se déroulaient dans des villes comme Thunder Bay, Sault Ste. Marie, Sudbury et Timmins. Ces tournois accueillaient vingt-quatre équipes et le niveau était si impressionnant que voir sur les estrades des dépisteurs pour les grandes équipes de la ligue n'était plus chose bizarre. Les Moose étaient tous devenus adultes, ils étaient mariés ou avaient déménagé, et ceux qui restaient s'appelaient désormais les Manitouwadge Miners. Ils jouaient en Senior B et n'avaient pas encore participé à un championnat. Mais ils étaient bons. Fred me mit au courant de tout pendant le déjeuner que Martha nous avait préparé.

« Tu n'as que trente-trois ans, Saul, dit-il. Tu pourrais trouver une place chez les Miners.

— Je n'ai pas joué depuis que je suis parti d'ici. Je n'ai d'ailleurs pas chaussé de patins depuis non plus.

— Un talent comme le tien ne disparaît pas. »

Pendant le repas, je leur parlai du Père Leboutilier. Je leur racontai comment ce sport m'avait aidé à survivre sur les plans émotionnel et mental. Je leur racontai comment il avait pu m'offrir une échappatoire et comment j'avais découvert que ce n'était plus le cas, que la joie que j'y avais trouvée et la protection qu'il m'avait prodiguée avaient toutes deux disparu. Ils écoutaient en acquiesçant de la tête et quand j'eus terminé, nous restâmes assis en silence.

« C'est pour ça, je pense, que je veux entraîner, finis-je par dire. Des enfants. Des enfants autochtones. Je veux leur apporter la joie que j'ai trouvée ; la vitesse, la grâce, la force et la beauté de ce sport. Je veux redonner tout cela. »

Martha sourit.

« Virgil cherche un entraîneur. La mine sponsorise une équipe bantam. Virgil a essayé de les entraîner, mais ça lui est difficile de trouver le temps, à cause des trois-huit et tout ça.

— Ils s'entraînent ce soir, si tu veux te faire une idée, dit Fred.

— C'est la fin de la saison, non ? demandai-je.

— Encore deux matchs. Il n'empêche que tu devrais aller les voir.

— Où ça ?

— La ville a construit un coûteux stade de glace, il y a quelques années. Tu ne peux pas le manquer. Il a un toit blanc qu'on voit de presque partout. Je peux t'y conduire.

— Je crois que je vais y aller à pied. Ça me fera du bien de revoir cette bonne vieille ville.

— Elle n'a pas beaucoup changé. Quelques magasins plus grands, davantage d'habitants. Mais elle est toujours restée une ville minière et d'industries du bois, et elle ne sera jamais autre chose.

— C'est parfait pour moi », répondis-je.

54

Il était appuyé sur la bande et dirigeait les joueurs à l'aide d'une crosse de hockey. Dès que je m'éloignai du hall d'entrée et que je me mis à descendre les marches, je l'entendis crier des ordres. Il me tournait le dos. C'était un dos large. Je m'assis quinze rangées au-dessus de lui et je l'observai travailler. Il ressemblait à son père. Il les laissait jouer et ne les sifflait que pour les arrêter, quand il avait quelque chose de précis à leur faire remarquer. Ils écoutaient. Ils le regardaient, bouches grandes ouvertes, un genou au sol et soufflant comme des étalons derrière la porte des stalles de départ. Il ne parlait pas fort, je ne pouvais donc pas l'entendre, mais je me souviens du son de sa voix, profonde, sourde, sérieuse. Quand il avait terminé son explication, ils se hâtaient de se remettre debout et de reprendre leurs positions, puis il sifflait, les envoyant ainsi dans le tourbillon effréné du jeu.

Ils étaient rapides. Ils avaient bien plus d'élégance et d'habileté, et étaient bien plus acrobatiques que ne l'étaient les jeunes quand j'avais leur âge. Ils avaient été bien entraînés. Virgil leur faisait faire un exercice rapide de patinage et de passes, qui les faisait aller d'un bout à l'autre de la patinoire par groupes de trois.

Je percevais l'excitation dans leurs voix. Au bout de cinq minutes environ, il les laissa continuer seuls, à un rythme soutenu, cinq, six fois avant de siffler pour les rappeler au banc. Je descendis de quelques rangées de façon à pouvoir l'entendre.

« Match d'entraînement à présent, dit-il. Mais je veux vous voir sortir de votre zone à toute allure afin de ne laisser aucune chance à la défense adverse de restreindre vos mouvements dans la zone neutre. Utilisez votre vitesse. Coupez où la voie est libre et soyez une cible évidente. Je veux que ces passes soient nettes et je veux que ces attaques aboutissent à un tir du poignet à moins de quinze pieds. Pas de tirs frappés, pas de feintes pour le moment. Contentez-vous de tout mettre en place pour chaque tir. Prêts ? Partez ! »

Il patina jusqu'au centre et laissa tomber le palet sur la glace, puis il recula jusqu'à la bande et prit appui sur ses coudes. L'équipe n'arrêtait pas une seconde. Ils filaient d'un bout à l'autre de la glace avec des mouvements fluides, efficaces et chaque attaque se concluait par un tir du poignet puissant. Ils patinèrent dix bonnes minutes avant que je me rapproche de lui.

« Le quinze est fait pour être un centre, dis-je. Il a un trop bon sens de la glace pour rester ailier. »

Il se retourna légèrement et releva un sourcil en me voyant.

« C'est un nabot de petit avorton. Les gros balèzes vont lui barrer la route.

— Pas s'il se sert de la vitesse qu'il a.

— Ils ont tous la même vitesse quand ils se retrouvent par terre sur le dos.

— La même taille aussi, ajoutai-je.

— Bon, tu devrais savoir. T'as passé toute ta carrière sur le dos.

— Tu as apparemment manqué la moitié où j'étais sur le ventre.

— Non. Je suis trop sensible à tes sentiments pour te le rappeler, dit Virgil. Quand es-tu revenu ?

— Le temps de déjeuner et de discuter avec tes parents.

— T'as bonne mine.

— Tu m'embrasses maintenant ou plus tard ? »

Il renifla.

« Je crois bien que j'embrasserais plutôt la face nord d'un orignal qui se dirige vers le sud.

— J'ai été un orignal autrefois, du temps où je jouais avec les Moose. »

Il fit demi-tour sur ses patins, s'appuya sur la bande pour me regarder. Il parla d'un ton grave.

« Bon sang, ça m'a l'air tellement loin tout ça, maintenant. Quand je t'ai vu partir, j'ai eu envie de t'exploser.

— Tu veux toujours le faire ?

— Peut-être, dit-il. Ça dépend de ce que tu as à dire pour te défendre. Tu veux prendre une bière et qu'on en discute ?

— Je ne bois pas. Plus. Je buvais. Ça ne m'a pas vraiment aidé. »

Il approuva de la tête.

« D'accord. Je m'en vais envoyer les gars au vestiaire et discuter un peu de stratégie. Pourquoi tu m'attendrais pas dehors ? Dix minutes, pas plus.

— O.K. »

Je l'observai terminer l'entraînement et, quand il suivit les joueurs qui sortaient de la glace pour prendre l'allée sous les estrades, il me regarda.

« Ne disparais pas encore une fois, dit-il.

— Pas question. Je serai là. Dix minutes, pas plus. »

55

Nous nous contentâmes de nous asseoir sur les estrades pendant qu'un employé nettoyait la glace. Il y eut un long silence et j'avais du mal à trouver des mots pour le rompre. Virgil était assis, les mains en coupe autour du visage, les yeux fixés droit devant lui. Je compris alors combien il est difficile de faire revivre les années, combien la vie qui les a occupées est impossible à saisir et à raconter. Je compris alors aussi que le temps ne panse pas toutes les blessures. Je voulais dire tout cela en une seule phrase brillante, tout faire tenir, d'une traite, dans un résumé spontané. Mais je ne le pouvais pas. Je ne savais pas par où commencer. Finalement, c'est lui qui le fit à ma place.

« T'es l'un de ces gamins, c'est ça ? Un de ces enfants foutus en l'air par ces écoles. Mon père m'a un peu raconté par quoi il était passé. Quand ils ont dit qu'ils voulaient que tu viennes ici, je crois que je savais plus ou moins pourquoi, même à cette époque-là. Je savais que ce n'était pas uniquement une affaire de sport.

— Je ne l'ai pas saisi, répondis-je. Pas pendant longtemps. Pas avant l'année dernière.

— Mon Dieu.

— Je ne pense pas qu'il ait grand-chose à voir là-dedans, en fait. »

Il se tourna sur son siège.

« Je sais. Je suis désolé. Choix de mots nul. »

Il avait les yeux rivés sur la glace pendant que je lui racontais ce qui s'était passé avec le Père Leboutilier. Je lui racontai l'histoire de ma famille et comment je m'étais retrouvé à St. Jerome's. Je lui parlai de cette rage qui avait pris naissance en moi, que je n'avais jamais comprise et de sa façon de tout corrompre, même le sport. Je lui racontai la route, les boulots, les villes, puis je lui parlai de l'alcool.

« Le dernier recours, dis-je. Ça te permet de continuer à respirer, mais pas vraiment à vivre. Ça te laisse bouger, mais pas te souvenir. Ça te laisse faire, mais pas éprouver de sensations. Je ne sais pas pourquoi je suis tombé dedans si facilement, pourquoi je me suis laissé emporter aussi bas. Je pensais tout simplement que j'étais fou. Mais il s'avère que j'étais blessé, c'est tout, seul, coupable, honteux – et surtout, tout simplement très très triste.

— Est-ce que tu voulais le retrouver, ce salopard ? Lui faire connaître un peu la même douleur ? » demanda Virgil.

Il ne pouvait toujours pas détacher ses yeux de la glace.

« Au début, ouais. Puis plus nous sommes entrés dedans au Centre, plus je me suis rendu compte que ça ne se limitait pas seulement à lui. Si j'avais voulu faire payer chacun d'eux, il m'en aurait fallu, du temps, pour les retrouver tous. Au bout du compte, j'ai compris que le seul dont je pouvais m'occuper, c'était moi. »

Il finit par se retourner vers moi. Ses joues brillaient de larmes.

« Cinq minutes dans une pièce avec chacun d'eux. C'est ce que j'aurais souhaité. Pour ce qu'ils ont fait à mon père, à ma mère, à mes grands-parents, à toi. Quels salopards !

— Je sais. Ça fait encore mal. Ce sera le cas pendant longtemps. Mais, maintenant, je le sais. Je le sais et j'ai les moyens d'y faire face. De meilleurs moyens que courir, abandonner les gens, me battre, boire.

— Ouais ? Et c'est quoi ces moyens ? » Il s'adossa alors à son siège et se déplaça de façon à pouvoir me faire à moitié face.

« Revenir ici, pour commencer. Je me suis toujours senti plus chez moi ici qu'ailleurs. Avoir un boulot. Travailler. Prendre sa boîte à lunch peut avoir un grand pouvoir de guérison. Puis j'ai pensé que je pourrais chercher une équipe à entraîner. »

Il souleva les sourcils.

« Tu es encore jeune. Tu pourrais jouer. Merde, les Miners pourraient avoir besoin de toi.

— Ils pourraient avoir besoin de cet autre gars, Virgil. Ce sac d'os rapide et capable de tout. Je ne suis plus ce gars-là. Je veux retrouver le plaisir du sport. Ça, c'est sûr. Mais s'il y a une chose que j'ai apprise quand j'étais au Centre, c'est que tu récupères encore mieux les choses quand tu les donnes. Je veux entraîner. Ce que je veux dire, c'est que si je pouvais prendre en mains ce numéro quinze, j'en ferais quelque chose. »

Virgil sourit.

« C'est mon fils. Billy. Il a onze ans, presque douze, mais il s'entraîne avec les bantams. Il me rappelle un autre gars rapide que j'ai connu autrefois. Il sait qui tu es.

— Ah oui ? Comment ça ?

— Tu es une foutue légende, Saul. Personne n'a jamais joué comme toi. Tous les gars des Moose ont parlé de toi à leurs enfants.

— Ils sont toujours par là, les gars ?

— Pas tous. La plupart. Ils ont tous des bedaines de buveurs de bière. Ils ont un paquet de gamins, comme moi, tous mariés et pieds et poings liés, mais on se retrouve parfois, tard le soir, pour un petit match de hockey quand la glace est libre. On parle de toi.

— Tu crois qu'ils seraient contents de me voir ?

— Ce soir, on a la glace. Pourquoi tu ne viendrais pas vérifier toi-même ? »

56

La merveille blanche d'une patinoire. Je trouvai une paire de patins d'occasion au magasin de sport et une bonne crosse, et je me plaçai à la porte conduisant au banc des joueurs, tremblant en fixant la glace. J'avais dit à Virgil qu'il me faudrait un peu de temps pour me mettre en jambes. Il savait que je voulais dire plus que d'être à l'aise sur des patins. Il s'arrangea donc pour que j'aie la glace pour moi tout seul pendant une heure avant que les gars n'arrivent. Je me mis en tenue sur le banc. Lacer mes patins tête penchée, le nez plein de l'odeur de la patinoire. Le bois. La sueur. Les crachats. Le cuir. Quand je me relevai pour faire face à la glace, elle était éblouissante. J'étais debout à la porte, elle s'étendait devant moi comme un monde unique – et c'était le cas. Je connaissais sa géographie. Je connaissais ses brises. Je connaissais sa fraîcheur. Il me fallut cinq minutes avant de pouvoir me lancer.

Une fois les pieds posés, je ne pouvais pas les bouger. Je glissai tout droit jusqu'à la bande opposée et m'y accrochai à deux mains. Puis je fis demi-tour, m'appuyai contre elle et je me contentai de regarder le large ovale de glace. Je pinçai très fort les lèvres.

C'est là que je compris que, quand une chose nous manque, elle laisse un trou que seule cette chose qui nous manque peut combler. Sentir la patinoire sur mon visage. Je fermai les yeux et m'éloignai de la bande. Je patinai sans me presser au centre et je suivis lentement le cercle rouge. Puis j'allai vers la bande et la longeai jusque derrière le filet. Quand je repartis au milieu de la glace, je forçai davantage. Il n'y avait pas de rythme. Il n'y avait que l'effort pour me propulser.

Il y avait eu un entraînement juste avant mon arrivée. Quelqu'un avait laissé tomber une boule d'adhésif sur la glace. Quand j'arrivai à sa hauteur, je la plaçai sur ma palette. On aurait dit un crottin de cheval. La boule d'adhésif sur ma crosse, je patinai sans forcer d'un bout à l'autre de la glace. Puis je la fis glisser derrière entre mes jambes, et virai sur un patin pour la récupérer et la placer sur ma palette. D'un tir frappé court, je l'envoyai dans un coin supérieur du filet. Alors je ris. J'ouvris la bouche et je laissai échapper un grand hurlement de rire. Puis je récupérai la boule d'adhésif et commençai à patiner plus vite autour de l'éblouissante merveille blanche de cette glace.

Je patinai jusqu'à ce que la sueur dégouline sur mon visage. Je patinai jusqu'à ce que mes jambes deviennent élastiques et que mon souffle me fasse mal aux poumons. J'étais très très loin d'avoir la vitesse d'autrefois, mais je savais encore patiner. Quand je me baissai pour récupérer l'adhésif dans le but, un vrai palet rebondit contre la barre inférieure. Je me retournai et Virgil était à la porte avec Fred et Martha.

« Même ici, dans un coin perdu, on aime se servir d'un palet pour jouer au hockey, dit Virgil qui sauta sur la glace.

— Vieilles habitudes, dis-je quand il arriva à ma hauteur.

— Des jours nouveaux, répliqua-t-il.

— Les gars sont là ?

— Eux et d'autres, répondit-il.

— Qu'est-ce que tu veux dire ? »

Il fit un signe de la main et Fred sauta sur la glace. Derrière lui, cinq des Moose d'origine, toujours reconnaissables malgré les années. Derrière eux, il y avait des enfants d'âges et de tailles divers, et derrière eux, il y avait des jeunes filles et des femmes plus âgées. Tout le monde avait une crosse de hockey. Ils patinèrent dans notre direction en formant un large flot et dessinèrent un cercle autour de nous. Martha fit signe de la main depuis le banc.

« La meilleure méthode pour constituer les équipes, c'est à l'ancienne, dit Stu Little Chief en m'adressant un signe de la tête. À toi l'honneur, Saul ?

— Volontiers », répondis-je.

Chacun laissa tomber sa crosse dans le cercle central. Je patinai à l'intérieur et commençai à pousser les crosses vers chaque ligne bleue. Quand elles furent toutes dégagées du centre, les équipes étaient formées. Virgil était dans l'équipe adverse. Il patina jusqu'au cercle de mise au jeu.

Je le retrouvai là. Nous étions au moins dix-huit sur la glace.

« Comment est-ce qu'on va s'y prendre ? demandai-je.

— Il faut toucher le poteau pour qu'il y ait but. Le palet doit rester sur la glace.

— Non, je veux dire avec tout ce monde. Comment est-ce qu'on va jouer ? »

Il sourit et frappa ma crosse avec la sienne.

« Ensemble. Comme on aurait toujours dû le faire », répondit-il.

Je souris. Il remporta cette première mise au jeu, mais ça n'avait pas d'importance.

Sur la terminologie du hockey sur glace

Le hockey sur glace étant un sport d'origine anglo-saxonne, les différents pays ont adapté chacun à leur façon la terminologie anglaise. Ainsi, quand les hockeyeurs canadiens francophones parlent de *mise en échec*, de *mise au jeu*, de *rondelle* ou de *bâton de hockey*, les joueurs français pensent *charge*, *engagement*, *palet* et *crosse*. Sans parler des Suisses romands, qui s'inspirent volontiers des anglophones, et utilisent les mots *body check*, *faceoff*, *puck* ou *canne*.

Il en va ainsi pour de nombreux concepts : double-échec/charge avec crosse, enclave/*slot*, présence/*shift*, cinglage/coup de canne/*slashing*…

Nous avons choisi de respecter la terminologie du Canada francophone, patrie du hockey par excellence, en l'adaptant dans certains cas pour écarter toute ambiguïté.

Les règles du jeu

Deux équipes de six, dont un gardien, casqués, gantés, protégés, fusant à 60 km/h, lançant des raids vers les buts adverses pour marquer, menant un jeu dense, à la limite de la lutte… Tout cela dans l'ovale de la patinoire, 60 mètres de long sur 30 de large, ceinturé de balustrades et de parois en Plexiglas pour contenir le palet projeté à une vitesse folle. Trois tiers-temps de vingt minutes par rencontre, mais des remplacements fréquents, au fil de complexes tactiques : depuis le premier match de hockey à Montréal en 1855, la danse des joueurs sur la glace et le fracas des crosses n'ont pas cessé.

Plus d'informations sur :
http://www.hockeyfrance.com/ffhg/decouvrir/decouvrir/histoire

L'ARÈNE

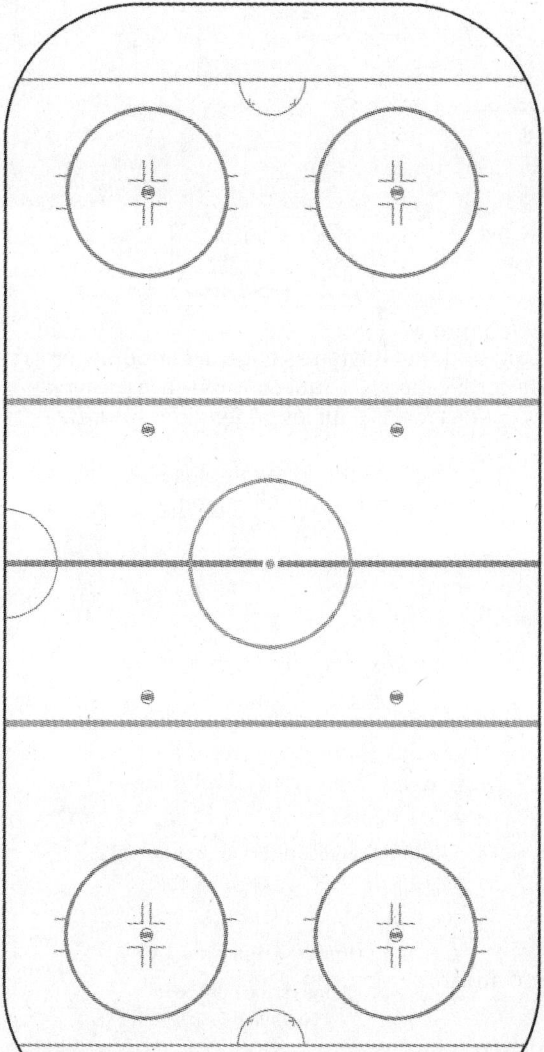

MIXTE
Papier issu de sources responsables
FSC® C003309

L'éditeur de cet ouvrage s'engage dans une démarche de certification FSC® qui contribue à la préservation des forêts pour les générations futures.

Pour en savoir plus :
www.editis.com/engagement-rse/

10/18 – 92 avenue de France, 75013 PARIS

Imprimé en France par CPI

N° d'impression : 3045655
X07290/05